二十国集团（G20）经济热点分析报告（2017~2018）

李建平　李闽榕　赵新力　周天勇　主编

李向军　苏宏文　李建建　副主编

黄茂兴　执行主编

中国财经出版传媒集团

经济科学出版社

Economic Science Press

图书在版编目（CIP）数据

二十国集团（G20）经济热点分析报告.2017~2018/
李建平等主编.—北京：经济科学出版社，2017.6
ISBN 978-7-5141-8192-0

Ⅰ.①二…　Ⅱ.①李…　Ⅲ.①国际经济合作组织-
研究报告-2017-2018　Ⅳ.①F116

中国版本图书馆 CIP 数据核字（2017）第 139012 号

责任编辑：于海汛
责任校对：刘　昕
责任印制：潘泽新

二十国集团（G20）经济热点分析报告（2017~2018）
李建平　李闽榕　赵新力　周天勇　主编
李向军　苏宏文　李建建　副主编
黄茂兴　执行主编
经济科学出版社出版、发行　新华书店经销
社址：北京市海淀区阜成路甲 28 号　邮编：100142
总编部电话：010-88191217　发行部电话：010-88191522
网址：www. esp. com. cn
电子邮件：esp@ esp. com. cn
天猫网店：经济科学出版社旗舰店
网址：http://jjkxcbs. tmall. com
固安华明印业有限公司印装
787×1092　16 开　14.75 印张　250000 字
2017 年 6 月第 1 版　2017 年 6 月第 1 次印刷
ISBN 978-7-5141-8192-0　定价：55.00 元
（图书出现印装问题，本社负责调换。电话：010-88191510）
（版权所有　侵权必究　举报电话：010-88191586
电子邮箱：dbts@ esp. com. cn）

全国经济综合竞争力研究中心 2017 年重点项目研究成果

二十国集团（G20）联合研究中心 2017 年重点项目研究成果

中智科学技术评价研究中心 2017 年重点项目研究成果

中央组织部首批青年拔尖人才支持计划（组厅字〔2013〕33 号文件）2017 年的阶段性研究成果

中央组织部第 2 批"万人计划"哲学社会科学领军人才（组厅字〔2016〕37 号）2017 年的阶段性研究成果

中宣部 2014 年入选全国文化名家暨"四个一批"人才工程（中宣办发〔2015〕49 号）2017 年的阶段性研究成果

国家科技部 2017 年 G20 创新议题战略调研成果

2016 年教育部哲学社会科学研究重大课题（项目编号：16JZD028）的阶段性研究成果

国家社科基金重点项目（项目编号：16AGJ004）的阶段性研究成果

国家社科基金青年项目（项目编号：14CKS013）的阶段性研究成果

福建省特色重点学科和福建省重点建设学科福建师范大学理论经济学 2017 年重大研究成果

福建省首批哲学社会科学领军人才、福建省高校领军人才支持计划 2017 年的阶段性研究成果

福建省首批高校特色新型智库——福建师范大学综合竞争力与国家发展战略研究院 2017 年的研究成果

福建省社会科学研究基地——福建师范大学竞争力研究中心 2017 年的研究成果

福建省高等学校科技创新团队培育计划（项目编号：闽教科〔2012〕03 号）2017 年的阶段性研究成果

福建师范大学创新团队建设计划（项目编号：IRTW1202）2017 年的阶段性研究成果

作 者 简 介

李建平，男，1946 年出生于福建莆田，浙江温州人。曾任福建师范大学政治教育系副主任、主任，经济法律学院院长，副校长、校长。现任全国经济综合竞争力研究中心福建师范大学分中心主任、福建师范大学全国中国特色社会主义政治经济学研究中心主任，教授，博士生导师，福建师范大学理论经济学一级学科博士点和博士后科研流动站学术带头人，福建省特色重点建设学科与福建省重点建设学科理论经济学的学科负责人。兼任福建省人民政府经济顾问、中国《资本论》研究会副会长、中国经济规律研究会副会长、全国马克思主义经济学说史研究会副会长、全国历史唯物主义研究会副会长等社会职务。长期从事马克思主义经济思想发展史、《资本论》和社会主义市场经济、经济学方法论、区域经济发展等问题研究，已发表学术论文 100 多篇，撰写、主编学术著作、教材 60 多部。科研成果获得教育部第六届、第七届社科优秀成果二等奖 1 项、三等奖 1 项，八次获得福建省哲学社会科学优秀成果一等奖，两次获得二等奖，还获得全国第七届"五个一工程"优秀理论文章奖，其专著《〈资本论〉第一卷辩证法探索》获世界政治经济学学会颁发的第七届"21 世纪世界政治经济学杰出成果奖"。他是福建省优秀专家，享受国务院特殊津贴专家，国家有突出贡献中青年专家，2009 年被评为福建省第二届杰出人民教师。

李闽榕，男，1955 年生，山西安泽人，经济学博士。福建省新闻出版广电局原党组书记、副局长，现为中智科学技术评价研究中心理事长，福建师范大学兼职教授、博士生导师，中国区域经济学会副理事长。主要从事宏观经济学、区域经济竞争力、现代物流等问题研究，已出版著作《中国省域经济综合竞争力研究报告（1998～2004）》等 20 多部（含合著），并在《人民日报》《求是》《管理世界》等国家级报刊上发表学术论文 200 多篇。科研成果曾荣获新疆维吾尔自治区第二届、第三届社会科学优秀成果三等奖，以及福建省科技进步一等奖（排名第三）、福建省第七届～第十届社会科学优秀成果一等奖、福建省第六届社会科学优秀成果二等奖、福建省第七届社会科学优秀成果三等奖等 10 多项省部级奖励（含合作），并有 20 多篇论文和主持完成的研究报告荣获其他省厅级奖励。

赵新力，男，1961 年生，辽宁沈阳人，航空宇航博士，系统工程博士后。中国科学技术交流中心正局级副主任，研究员，哈尔滨工业大学兼职教授，博士生导师。国务院政府特殊津贴获得者。国际欧亚科学院院士、福建省人民政府顾问、国际智库排名专家。先后任国家专利工作协调小组成员、中国信息协会常务理事、中国科技咨询协会高级顾问、中国地方科技史学会副理事长、欧亚系统科学研究会理事、中国企业投资协会常务理事等。主持完成"863"计划、自然科学基金、社会科学基金、攻关、标准化、电子政务、博士后基金等国家级课题数十项，参加软科学、"973"计划等国家级课题和主持省部级课题数十项，获得省部级奖励多项。在国内外发表论文近 200 篇，出版著作近 30 部。中国"图书馆、情报和档案管理"一级学科首个博士后工作站和首批硕士点创始人。曾在北京航空航天大学、沈阳飞机工业集团、美国洛克希德飞机公司、清华大学、原国家科委（国家科技部）基础研究与高技术司、澳门中联办经济部、中国科技信息研究所、国家行政学院、中共中央党校、中国科技交流中心、浦东干部管理学院、中国常驻联合国代表团等学习或工作，先后兼任中欧先进制造技术领域合作委员会中方主席、国家工程图书馆常务副馆长、科技部海峡两岸科技交流中心副主任、中日技术合作事务中心副主任、中国和欧盟科技合作办公室副主任等。

周天勇，男，1958 年生，河南南阳人，经济学博士，教授。中共中央党校国际战略研究院副院长，北京科技大学博士生导师。1980 年从青海省民和县考入东北财经大学（原辽宁财经学院）基本建设经济系，1992 年获东北财经大学经济学博士学位，1994 年调入中共中央党校执教和从事研究至今。社会兼职有：中国城市发展研究会副理事长兼城市研究所所长，国家行政学院、北京科技大学、东北财政大学、中国社会科学院研究生院等教授，国家发改委价格咨询专家。研究领域为社会主义经济理论、宏观经济、经济发展和增长、金融风险、城市化、国企改革、农业经济等。出版有《劳动与经济增长》《效率与供给经济学》《金融风险与资本社会化》《中国经济命运与前景的深层次思考》《新发展经济学》等多部专著和教材。在《经济研究》《管理世界》《财贸经济》《中国工业经济》《人民日报》《光明日报》《经济日报》各类报刊和内参上发表 400 多篇论文。在《中央党校内参》《人民日报内参》《中国社科院要报》等发表的一些内参得到了国家有关领导的重视。近年来就国家整体负债、公平与效率、政府各部门收费、财政体制、官民供养比、水电开发、中国增长的危机等方面发表的文章，引起了各方面的高度关注。

李向军，男，1957 年 8 月生，辽宁大学历史系 77 级本科毕业，1991 年北京师范学院历史系博士研究生毕业，获博士学位。曾在辽宁大学历史系和中国社会科学院经济研究所从事教学与研究工作，任讲师、副研究员。现任光明日报理论部主任、光明日报智库研究与发布中心主任，高级编辑，北京师范大学、中国政法大学、中南大学特聘教授，中南大学博士生导师，享受国务院政府特殊津贴。研究方向为中国经济史、中国救灾史、中国人口史及中国当代社会问题。主要学术著作有《清代荒政研究》《中国救灾史》等，在《中国社会科学（英文版）》《历史研究》《民族研究》《中国经济史研究》《史学理论研究》《文献》《中国社会科学院研究生院学报》《中国社会经济史研究》等学术刊物发表论文数十篇，担任国家哲学社会科学基金评审委员、中宣部全国优秀通俗理论读物终评评委、中宣部文化名家暨"四个一批"人才综合评议组成员等。

李建建，男，1954 年生，福建仙游人。经济学博士。福建师范大学经济学院原院长，教授、博士生导师，享受国务院特殊津贴专家。主要从事经济思想史、城市土地经济问题等方面的研究，先后主持和参加了国家自然科学基金、福建省社科规划基金、福建省发改委、福建省教育厅和国际合作研究课题 20 余项，已出版专著、合著《中国城市土地市场结构研究》等 10 多部，主编《〈资本论〉选读课教材》《政治经济学》《发展经济学与中国经济发展策论》等教材，在《经济研究》《当代经济研究》等刊物上发表论文 70 余篇。曾获福建省高校优秀共产党员、福建省教学名师和学校教学科研先进工作者称号，科研成果荣获国家教委优秀教学成果二等奖（合作）、福建省哲学社会科学优秀成果一等奖（合作）、福建省社会科学优秀成果二等奖、福建省社会科学优秀成果三等奖和福建师范大学优秀教学成果一等奖等多项省部级和厅级奖励。

黄茂兴，男，1976 年生，福建莆田人。教授、博士生导师。现为福建师范大学经济学院院长、福建师范大学福建自贸区综合研究院院长、中国（福建）生态文明建设研究院执行院长、全国经济综合竞争力研究中心福建师范大学分中心常务副主任、二十国集团（G20）联合研究中心常务副主任、福建省人才发展研究中心执行主任。兼任中国数量经济学会副理事长、中国区域经济学会常务理事等。主要从事技术经济、区域经济、竞争力问题研究，主持教育部重大招标课题、国家社科基金重点项目等国家、部厅级课题 60 多项；出版《技术选择与产业结构升级》《论技术选择与经济增长》等著作 50 部（含合著），在《经济研究》《管理世界》等国内外权威刊物发表论文 160 多篇，科研成果分别荣获教育部第六届、第七届社科优秀成果二等奖 1 项、三等奖 1 项（合作），福建省第七届至第十一届社会科学优秀成果一等奖 7 项（含合作）、二等奖 3 项等 20 多项省部级科研奖励。入选"国家首批'万人计划'青年拔尖人才"、"国家第 2 批'万人计划'哲学社会科学领军人才"、"中宣部全国文化名家暨'四个一批'人才"、"人社部国家百千万人才工程国家级人选"、"教育部新世纪优秀人才"、"福建省高校领军人才"等多项人才奖励计划。2015年荣获人社部授予的"国家有突出贡献的中青年专家"和教育部授予的"全国师德标兵"荣誉称号，并荣获 2014 年团中央授予的第 18 届"中国青年五四奖章"提名奖等多项荣誉称号。2016 年获评为享受国务院特殊津贴专家。他带领的科研团队于 2014 年被人社部、教育部评为"全国教育系统先进集体"。

《二十国集团（G20）经济热点分析报告（2017～2018）》编委会

主　　任　韩　俊　隆国强　卢中原　李慎明

副 主 任　高燕京　谢寿光　李建平　李闽榕
　　　　　　赵新力　周天勇　李向军

委　　员　李建建　苏宏文　陈建奇　王斯敏
　　　　　　黄茂兴

项目承担单位

福建师范大学、中国科学技术交流中心、中共中央党校国际战略研究院

编写人员名单

主　　编　李建平　李闽榕　赵新力　周天勇

副 主 编　李向军　苏宏文　李建建

执 行 主 编　黄茂兴

前　言

当前，国际经济社会发展形势依然错综复杂，世界经济进入深度调整时期。G20 聚集了世界主要经济体，影响和作用举足轻重，也身处应对风险挑战、开拓增长空间的最前沿。G20 峰会议题也由最初的短期、区域性问题向长期、全球性问题延伸，引领 G20 国家在应对全球发展挑战和完善全球经济治理中发挥关键性作用。二十国集团领导人峰会机制正从短期危机应对机制向长效治理模式转型，成为 G20 在全球经济治理体系中创新发展和持续改革的新动能。

2016 年中国主办的二十国集团领导人第十一次峰会在落实历届峰会成果、共同开创国际经济合作新局面等方面，作出了突出贡献。表现在：一是明确了经济增长的主要驱动力和合作路径，积极推动 G20 的创新、新工业革命和数字经济议程；二是突出了结构性改革的重要性，重申结构性改革对提高 G20 成员国生产率、潜在产出以及促进创新增长的关键作用；三是努力破除投资、贸易和反腐壁垒，降低合作成本，遏制非普惠的、挑战自由贸易规则的新型贸易保护主义进一步泛滥；四是推动国际金融体系改革，构建更稳定更有韧性的国际金融架构；五是注重全球"扶贫"，支持非洲和最不发达国家的工业化。可见，2016 年 G20 杭州峰会充分彰显了中国积极参与全球经济治理的决心和魄力。

2017 年 7 月 7~8 日，二十国集团领导人第十二次峰会将在德国汉堡举行。德国以"塑造一个相互连通的世界"作为峰会主题，并围绕全球经济稳定从"确保经济稳定性、改善可持续性、负责任地发展"三个主要议题板块展开讨论。这次峰会希望重新凝聚主要经济体全球互联互通和共享全球化的共识，世界也期待2017年的G20峰会能进一步推动各方凝聚共识并制定行动方案，期待G20各成员在促进全球经济稳定、完善全球经济治理、激发全球经济新动能等方面做出积极的贡献。值得一提的是，德国从中国手中接过G20主席国后，将延续2016年中国G20杭州峰会上的绿色金融、气候、结构性改革、创新增长、包容性发展等重点议题，并在与中国G20杭州峰会保持连续性的基础上，继续向前推进并将其深层次化、具体化。

自二十国集团上升为国际经济合作的主要论坛之后，由福建师范大学、中国科技交流中心、中共中央党校国际战略研究院、国务院发展研究中心管理世界杂志社、光明日报理论部等单位就联合致力于G20相关重大前沿问题的研究，具体由全国经济综合竞争力研究中心福建师范大学分中心负责，《二十国集团（G20）经济热点分析报告（2017～2018）》是它们的最新合作成果。2011年12月，该课题组曾推出第一部《二十国集团（G20）国家创新竞争力发展报告（2001～2010）》黄皮书，立即引起了各国政府、学术界和新闻界的广泛关注，产生了强烈的社会反响。2012年该书荣获第三届"中国优秀皮书奖·报告奖"一等奖。2013年9月，第二部《二十国集团（G20）国家创新竞争力发展报告（2011～2013）》黄皮书面世，并在第八次二十国集团领导人峰会召开前夕在北京举行发布会，引起了国内外学术同行的广泛关注，产生了积极的社会反响。2014年11月，第三部《二十国集团（G20）国家创新竞争力发展报告（2013～2014）》黄皮书面世，并在第九次二十国集团领导人峰会召开前夕在北京举行发布会，产生了积极的社会反响。2015年11月，在第十次二十国集团领导人峰会在土耳其安塔利亚召开前夕，课题组发布了《二十国集团（G20）经济热点分析报告（2015～2016）》一书，引起了社会的高度关注和积极反响。2016年8月，在第十一次二十国集团领导人峰会即将在杭州举行之际，课题组又推出第四部《二十国集团（G20）国家创新竞争力发展报告（2015～2016）》黄皮书和第二部《二十国集团（G20）经济热点分析报告（2016～2017）》，也产生了积极的社会反响。

最新出版的这部《二十国集团（G20）经济热点分析报告（2017～2018）》，着力在 G20 互联互通与共享发展、全球治理责任担当与公平国际秩序的构建、全球投资治理政策合作与协调、构建更稳定更有韧性的国际金融架构、国家社会凝聚力发展、全球气候治理等领域展开细致的分析，为我国积极参与 G20 事务沟通协调提供有价值的理论指导和决策借鉴。全书由六大部分构成，基本框架是：

第一部分：数字经济时代 G20 国家互联互通与共享发展研究，首先剖析了数字经济时代 G20 国家互联互通与共享发展的重要基础，分析了数字经济时代 G20 国家互联互通与共享发展的政策共识和主要成果，并比较和总结了 G20 国家互联互通与共享发展的治理经验，为数字经济时代进一步推动 G20 国家互联互通与共享发展提供有价值的决策借鉴。

第二部分：G20 在全球治理中的责任担当与公平国际秩序的构建使命研究，强调了全球治理的责任意识与公平意识的释义，剖析了 G20 从临时性国际组织到全球治理平台的责任担当的转变，阐释了正处于转型时期 G20 全球治理外部挑战与内部困境交织的现状，并就全球治理中 G20 的角色塑造和中国的角色定位提供有益的决策参考。

第三部分：G20 框架下加强全球投资治理政策合作与协调研究，回顾了全球投资治理的制度变迁，分析了全球投资治理发展的新趋势和新特征。同时对 G20 国家投资治理进行改革评价，提出了 G20 框架下加强全球投资治理政策合作与协调的基本思路以及中国参与全球投资治理改革的路径选择。

第四部分：G20 在构建更稳定更有韧性的国际金融架构中的战略研究，分别阐述了 G20 在构建更加均衡稳定的国际货币治理体系、全球金融安全网、主权债务重组机制、跨境资本流动监管等领域的基本状况、主要困境，以及分析了 G20 在上述各领域中发挥的重要作用，就如何构建更稳定更有韧性的国际金融架构提出了相应的思路与建议。

第五部分：G20 国家社会凝聚力的发展现状与战略途径研究，在界定社会凝聚力的概念和构成的基础上，比较和总结了 G20 主要国家社会凝聚力的典型案例，分析了 G20 国家提升社会凝聚力的战略与路径，剖析了全球化背景下的"一带一路"凝聚力建设可能面临的挑战，并就全球化背景下的"一带一路"凝聚力建设的路径与策略提出了相应的政策建议。

第六部分：G20参与全球气候治理的动力、影响与展望研究，在系统梳理全球气候治理的发展历程的基础上，分析了历届G20国家领导人峰会参与全球气候治理的具体行动与成效，随后从必要性、可行性、有效性等三个维度探讨了G20进一步参与全球气候治理的动力来源，紧接着从自身机制的非正式性、内部成员国之间的气候利益差异等方面分析了G20参与全球气候治理的制约因素，就G20如何进一步参与全球气候治理提出政策建议。

本报告是在借鉴国内外前期研究成果的基础上，力图对全球和G20的最新经济热点问题做深入的剖析。当然，我们由于受到知识结构、研究能力和占有资料有限等主客观因素的制约，在一些方面的认识和研究仍然不够深入和全面，还有许多需要深入研究的问题未及拓展。有鉴于此，我们将继续深化研究，不断完善理论体系和分析方法，并加强实践性对策研究，进一步做出我们新的探索与思考。作者愿与关注这些问题的各国政府机构、世界各相关领域的科研机构的研究者一道，继续深化对G20经济理论和实践对策的研究，对中国及世界各国的经济稳定发展提供有价值的决策借鉴。

作　者

2017年6月

目　　录

第一部分

数字经济时代 G20 国家
互联互通与共享发展研究

数字经济作为全球经济复苏和经济发展的新动能，开启了全球经济发展的新篇章，掀起了全球数字经济浪潮，积极推动全球进入数字经济时代。在未来很长一段时期，G20 将充分利用科技创新积极主动发展数字经济，并将其作为经济社会发展的主线，强力推动 G20 国家互联互通与共享发展，拓展全球经济治理新领域，实现经济社会转型和全球治理的现代化。可见，新时期全球数字经济的强势崛起，不仅是 G20 加快培育全球竞争新优势的重要抓手，也是 G20 经济持续发展创新的关键引擎。在国际社会的共同努力下，G20 各国相继进行数字经济重要议题研究和改革进程，形成互联互通和共享发展的政策共识，携手构建数字经济时代和平、安全、开放、合作的网络空间命运共同体，引领全球新经济、新业态、新动能、新空间的发展。

一、数字经济时代 G20 国家互联互通与共享发展的重要基石

数字经济时代，随着互联网技术、信息技术的普及，全球数字大变革、大发展和大融合已成为不可逆转的客观历史进程。未来全球信息通信技术创新活力进一步释放和大数据市场规模持续扩张，将不断加快弥合全球范围内的数字鸿沟，加快推进 G20 国家信息通信技术在供给、需求和潜力的协调联动发展，为数字经济时代 G20 国家互联互通与共享发展奠定了重要基石，协力推动 G20 国家甚至全球国家走向互联互通、共赢共享道路。

（一）信息通信技术互联互通夯实 G20 国家数字经济根基

信息通信技术的互联互通，是 G20 国家发展数字经济、实现互联互通、推进共享发展在供给层面的重要保障。在全球化新时代，尤其是 2008 年国际金融危机过后，加快推进基础设施互联互通已成为广泛的国际合作共识。

2016 年，二十国集团领导人（G20）杭州峰会发起《全球基础设施互联互通联盟倡议》，呼吁全球加大对基础设施项目的资金投入与智力支持，尤其是持续推进 G20 国家互联互通基础设施均等化供给，以进一步加速全球基础设施互联互通进程。

1. ICT 基础设施投资力度持续加强

基础设施投资对 G20 国家的社会经济发展至关重要，G20 国家对基础设施投资的重视度不断增加。2010 年，G20 首尔峰会强调要结合双边和多边的援助与合作，加强 G20 基础设施投资建设。2014 年，G20 布里斯班峰会决定成立全球基础设施投资中心（GIH），为政府部门、私人部门、开发银行和其他国际组织提供基础设施投资平台，强化包括 G20 国家在内的全球基础设施的投资与合作。当前，G20 国家对基础设施的投资都有不同程度的支出，虽然各自投资领域和投资结构不尽相同，但总体而言，G20 国家基础设施投资力度都在不断加强，尤其是对 ICT 基础设施投资力度持续加强。数字经济时代下的 ICT 基础设施投资和建设，对 G20 国家互联互通与共享发展存在巨大的推动作用。德勒公司通过考察 96 个发达国家和发展中国家的移动电话对经济增长影响的研究表明，在给定手机普及率条件下，移动电话从 2G 网络向 3G 网络转变的普及率每增长 10%，GDP 将增长 0.15%；同时，从长期来看，手机普及率每增长 10%，全要素增长率（技术进步率）将增加 4.2%[①]。因此，世界各国不断加大对 ICT 基础设施投资力度，强化政府、企业和投融资平台投资的作用。据《2016 年全球联接指数》报告显示，2016 年，全球 ICT 投资额达 3.8 万亿美元，同比增长 2%；全球电信投资额达 1.54 万亿美元，同比增长 1.3%；全球物联网投资达 8000 亿美元，同比增长 14.3%；全球数据中心投资达 1100 亿美元，同比增长 1.9%。全球掀起了 ICT 投资浪潮，极大夯实了全球互联互通与共享发展的数字经济根基。可见，强劲的 ICT 基础设施投资带来的数字红利，也将持续增加 G20

[①] ASEAN Secretariat，ASEAN Investment Report 2015：Infrastructure Investment and Connectivity [R]，2015.11.

ICT 投资供给，将会引发 G20 国家数字化转型的连锁反应，在提升各国国家生产力、国家竞争力和国家创新力的同时，也可以不断提升全球联结指数，支持 G20 国家开展互联互通与共享发展。

2. 互联网创新动能加快弥合数字鸿沟

当前，由于 G20 成员国对 ICT 基础设施投资不均衡，G20 国家中的数字鸿沟呈现扩大趋势，甚至呈现出"马太效应"现象，成为 G20 国家未来新一轮全球化战略的巨大挑战，并在一定程度上也阻碍了 G20 国家互联互通与共享发展的进程，从而影响 G20 参与全球竞争和实现可持续发展。因此，G20 国家在固定宽带互联网普及率、国际出口带宽、移动宽带用户、4G 覆盖率等科技就绪指数充分供给的基础上，充分发挥宽带、数据中心、云计算、大数据和物联网五大使能技术的效用，提升互联网创新动能应用的广度和深度，合力推进 G20 国家互联互通基础设施均等化供给，以促进 G20 国家加速数字化转型和跨越数字化鸿沟。据《2017 年全球联接指数》报告研究，当云化率达到 3% 以上时，大数据和物联网等相关的潜能将会被激活。同时，据《G20 国家互联网发展研究报告》显示，2016 年，G20 国家互联网普及率平均达 69%，英国、日本居于前两位，且互联网普及率均超过 90%，美国、加拿大、德国、法国、韩国、欧盟、澳大利亚相继次之，且均超过 80%。其中，除墨西哥、印度和印度尼西亚三个国家，其余均超过全球互联网普及率的平均水平（47%）（见图 1 - 1）。可见，数字经济时代的互联网经济将成为全球经济增长的新动力。G20 国家作为全球经济治理的首要平台，依托"互联网＋"变革生产关系和商业模式，激活云计算、大数据和物联网等相关潜能，牵引 G20 国家互联网创新动能，促进 G20 国家电子商务合作发展，实施互联网战略抢占发展先机。此外，G20 国家也十分重视互联网开放和网络空间安全的问题，通过了《二十国集团数字经济发展与合作倡议》，构建网络空间命运共同体，为 G20 互联网创新动能加快弥合数字鸿沟护航。

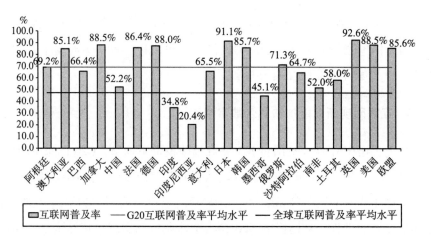

图 1 - 1　G20 国家互联网普及率情况

资料来源：Internet Live Stats，2016.07.01，《G20 国家互联网发展研究报告》。

（二）政策协调互联互通搭建 G20 国家共享发展机遇

G20 作为非正式对话的新机制，既是应危机而生，又是向发展而行。G20 国家提倡 G20 国家政策协调互联互通，通过构建协调、联动和包容的世界经济体系，共享世界经济发展新机遇。一方面，G20 应亚洲金融危机而生，希望通过寻求发达国家和新兴经济体的协调合作共同抵御外在冲击；另一方面，G20 向世界持续发展而行，充分发挥全球持续发展平台的作用共享世界经济发展新机遇。从本质上看，这主要是因 G20 国家之间存在共同元素，从而形成 G20 国家互联互通和共享发展的迫切需求。

1. 市场经济体制支持 G20 国家贸易投资自由化

G20 国家都是 IMF、WB、WTO 等国际组织的重要成员国，都坚持市场经济体制模式，他们遵循着共同的国际规则开展投资、贸易、金融等活动，并取得了显著的社会和经济效益。实践证明，在市场经济体制条件下，只有消除阻碍经济全球化和区域经济一体化的体制障碍，鼓励和支持生产要素自由流动，倡导贸易便利化和投资自由化，反对各种贸易主义，提高生产效率和经济运行效率。随着区域经济一体化和经济全球化进程的不断加快，G20

国家率先倡议并推进实施 G20 范围内的互联互通合作与共享发展机遇。首先，G20 国家内部成员国之间积极开展投资贸易的互联互通合作，探索经济体制改革和贸易管理体制改革新路径，按照协商一致的原则，积极开展双边贸易和多边贸易，并推动区域经济投资自由化，促进区域经济一体化的发展。其次，G20 国家加快推进与邻国或伙伴国家的互联互通合作，如同塞内加尔共同推动国际政治经济秩序朝着更加公正合理的方向发展；同老挝携手打造牢不可破的命运共同体①。最后，G20 国家也十分重视与 IMF、WB、WTO、ASEAN 等国际组织的广泛沟通与合作，并不断改进 G20 与国际组织联系的深度与广度，如 G20 积极响应联合国千年发展目标和 IMF 的基础设施投资项目，进而进一步促进 G20 国家与更多广泛利益者建立伙伴和利益关系。数字经济时代的 G20 国家相互依赖程度大大提高了研发、生产、流通和销售等各环节的联系，在全球范围内实现资源要素的合理流动和优化配置，共享经济发展机遇。同时，G20 国家的政府在市场经济体制的基础上，实施宏观调控加以协调，尤其是通过财政政策和货币政策引导经济社会健康、有序和可持续发展。

2. 共同研究议题深化 G20 国家互联互通伙伴关系

在经济全球化新形势下，G20 国家面临许多共同的议题，涉及贸易、金融、投资以及新兴领域问题，包括从金融危机到复苏全球经济、从加强国际金融领域监管到国际货币体系改革、从经济可持续与平衡增长到包容和联动式发展、从基础设施投资到世界经济形势等多个领域多个层次的问题。G20 国家的主要运作方式是围绕特定议题展开讨论并寻求共识②。2008 年全球金融危机后，G20 升格至 G20 领导人峰会，通过以 G20 峰会为引领，围绕历届 G20 议题深入交流和研究，并达成许多重要共识，逐步推进 G20 峰会实现机制化建设，共同构建发展和命运共同体。随着 G20 对各项议题讨论和

①　靳松：《G20 中国主场外交首日　习近平密集会晤六国领导人》，国际在线，http://news. cri. cn/20160903/e5115254 - 971d - f31c - 479a - 230ef7b78446. html，2016 - 9 - 3。
②　刘宏松：《G20 议题的扩展及其对机制有效性的影响》，载于《国际论坛》2015 年第 3 期，第 7~12 页。

研究的持续深入和逐步扩展，不断深化了 G20 开展合作的共识和决心，G20 国家互联互通伙伴关系更为密切了。可见，共同研究议题将促使 G20 国家建立统一经济规则进行互联互通、良性互动与共享发展。近年来，G20 议题逐渐由金融领域向贸易、投资等领域扩展，促使 G20 国家建立协调、统一的国际贸易规则和国际贸易投资体系，引导国际贸易和国际资本在 G20 甚至是全球范围内的有序流动，解决 G20 互联互通建设的融资瓶颈，以及克服区域经济合作碎片化风险。此外，全球还面临经济相关的新兴领域的重要议题，如能源、就业、电子商务、数字经济等。2016 年 G20 杭州峰会发布的《G20 数字普惠金融高级原则》，倡议 G20 国家要以推动数字金融服务为首要工作，促进普惠金融体系的发展。这是 G20 通过的首个数字经济全球规则，标志着 G20 在数字经济时代更具包容性的议题上找到共识，并在互联互通中共享繁荣发展。

（三）互联互通合作潜力奠定 G20 国家共享共治基础

数字经济转换经济发展新动能，推动 G20 国家迈向数字经济的全新历程，形成 G20 互联互通合作的潜在推动力，从而奠定了 G20 国家共享共治的基础。尤其是 G20 国家的数字经济与实体经济的互联互通与共享共治，给未来 G20 国家的经济与社会的发展带来了无限的潜力。

1. ICT 发展潜能释放 G20 数字经济合作潜力

近年来，G20 国家的现代化和信息化发展水平较为不平衡。其中，以美国、英国、日本、加拿大、俄罗斯、欧盟、中国为代表的大型经济体，具有强大的信息产业基础和庞大的用户市场规模，现代化和信息化发展优势明显，例如美国的工业互联网、英国的分享经济、德国的工业 4.0 等。印度、印度尼西亚、土耳其、沙特阿拉伯等国家的现代化和信息化水平处于劣势，且差距明显，但近年来这些国家也爆发出巨大的市场潜力。可见，数字经济条件下数据和信息的互联互通，既是 G20 国家数字经济发展的瓶颈，同时也意味着 G20 国家大力开发 ICT 的发展潜能，更是彰显了未来深入开展信息化合作的可能性和空间。首先，G20 国家就利用 ICT 发展潜能、释放数字经济合作潜力达成共识。2016 年 G20 杭州峰会旨在强调唤醒全球潜在的经济发展机遇，释放 G20 数字经济潜力，推动 G20 国家的经济向数字经济转型。2017 年 5 月，G20 在德国的部长级会议上就如何最大限度发挥数字化优势形成共识，一致通过并公布了《数字化路线图》，强调 ICT 技术作为数字经济支柱的重要性。与 2016 年 G20 杭州峰会通过《G20 数字经济发展与合作倡议》相比，这份宣言文件对 G20 国家制定数字经济战略提出了更加具体与明确的目标和方向。其次，G20 ICT 投资持续走高以推动产业链互联互通。G20 ICT 基础设施投资的总规模持续走高，将 ICT 基础设施投资作为数字经济转型的重要推手，尤其是包括云计算在内的云端应用的投资，共同推动网络生态系统的融合与转型，将助推世界各国开启产业链互联互通的发展潜力。最后，G20 ICT 贸易持续增长，驱动数字经济发展与合作。通过建立便捷的贸易、能源和物流网络，工业和信息化部国际经济技术合作中心有关专家指出，预计 2016 年 G20 集团成员互联网经济规模达到 4.20 万亿美元，平均 E - GDP 增长率为 4.20%，超出其 GDP 平均增长率 5.00% 以上。[①]其中，英国 ICT 互联网数据中心（IDC）数据显示，到 2017 年，英国 ICT 市场规模将达 340 亿美元，创历史新高。

2. 包容联动式发展推动 G20 国家共享发展机遇

提升基础设施互联互通水平，是 G20 国家实现包容和联动式发展的先决条件。以基础设施互联互通为基础，G20 国家积极推动包容联动式发展，以不断完善全球治理体系，开创包容联动和共享共治的新型全球化，大力促进 G20 发展与合作成果共享甚至惠及全球。可见，G20 将基础设施互联互通从国家层面提升到了全球层面，鼓励建设包容型和联动型世界经济秩序，助力落实 2030 年可持续发展议程行动计划。从根本上来看，包容联动式发

---

① 郑学党：《国外数字经济战略的供给侧实施路径及对中国启示》，载于《经济研究导刊》2017 年第 6 期，第 154 ~ 158 页。

展的本质在于创新互联互通模式，构建世界各国合作共赢、共享发展的发展模式，强调合作机制的兼容性、成果与经验的共享性、共享和发展的可持续性。2016 年，G20 杭州峰会强调，必须要坚持包容性增长和可持续发展，构建包容联动的全球发展治理格局，承诺"将确保经济增长的益处惠及所有人并最大程度释放发展中国家和低收入国家的增长潜力"①，为构建 G20 包容联动式发展奠定了基调，同时也开启 G20 国家互联互通与共享发展新篇章。随着区域经济一体化和全球化的持续推进，G20 国家不仅在政策协调上互联互通，而且在发展模式上包容联动，推动构建互利共赢的全球价值链，使所有 G20 成员国以及其他国家都能共享 G20 峰会、经济全球化以及区域经济一体化的成果，同时共同应对全球的挑战和风险。

二、数字经济时代 G20 国家互联互通与共享发展的政策共识

数字经济时代下的 G20，正启动新一轮的全球治理体系的变革。从客观上来看，G20 国家互联互通和共享发展共识正在逐步增加，就数字经济时代 G20 国家互联互通与共享发展的基本原则、关键领域和支持举措达成更广泛的共识，为新一轮全球经济增长创造良好的营商环境和法制环境，并为全球新一轮经济改革奠定了基础。

（一）数字经济时代 G20 国家互联互通与共享发展的基本原则

1. 加快创新引领原则

强化标准管理，加快创新引领，是促进 G20 国家互联互通与共享发展

---

① 丁峰：《二十国集团领导人杭州峰会公报》，新华网，http：//news. xinhuanet. com/world/2016 - 09/06/c_1119515149. htm，2016 - 9 - 6。

的首要基本原则。创新，尤其是技术创新，不论是促进 G20 国家互联互通、共享发展信息通信技术中的技术创新，还是由信息通信技术驱动的经济活动中的创新，都是实现经济包容性增长和发展的关键驱动力。2016 年 G20 杭州峰会一致通过了《G20 创新增长蓝图》，"创新增长"成为数字经济时代 G20 国家的首要议题。同时，对基础设施建设、构建开放贸易投资体系、促进投融资创新、提升产业链合作等议题也提出一系列重要倡议，推动 G20 峰会由短期危机应对机制向长效治理机制转型。支持以科技创新为核心，带动发展理念、体制机制、商业模式等全方位、多层次、宽领域创新，推动创新成果交流共享；通过结构性改革、新工业革命、数字经济等新方式，为世界经济开辟新道路，拓展新边界①。数字经济时代下的互联互通合作是一项系统工程，以标准带动创新，以创新引领行动，以行动践行标准，实现创新引领和增长联动，推进 G20 国家互联互通和共享共治。可见，加快创新引领原则，是 G20 国家落实《G20 创新增长蓝图》、走在全球前列的重要体现。

2. 深化伙伴关系原则

深化伙伴关系原则是 G20 政策协调的重要原则之一。在开放型的世界经济前景下，为了更好地推进全球数字经济，共享数字全球化的机遇和应对数字经济挑战，数字经济时代的 G20 各成员国之间、G20 与联合国之间、G20 与地区性国际组织之间以及 G20 与非政府组织之间，亟须建立和深化伙伴关系，尤其是强化促进全球可持续发展的伙伴关系，从而不断完善国际机制架构。该原则的执行，促进了 G20 各成员国的政府、私营部门、民间社会团体和国际组织等行为主体对 G20 政策协调和政策共识的参与，不断完善政策与部门之间的沟通网络，可以进一步提高 G20 政策共识的执行效率和执行效果。从客观上来看，G20 成员国各社会经济主体在 G20 政策共识的不同阶段和不同成员国之间存在很大差异。但在数字经济时代的框架

---

① 张琳：《论中国在 G20 框架下的全球治理》，载于《中国市场》2016 年第 9 期，第 107 ~ 111 页。

下，可以通过利用数字经济的现代信息网络，形成一种"多利益攸关方"共同参与的国际互联网治理模式，加强不同层次和不同领域的国家行为主体和次国家行为主体之间的合作与协商。可见，加强 G20 成员国伙伴关系，有助于加快实现互联互通、共享发展的数字世界，促进 G20 成员国之间在政策上的联系和互动，加快培育和建立 G20 成员国之间的互信，共同发展和维护开放型的世界经济。

3. 开放式协同合作原则

互联互通是开放性和竞争性市场的基本行规，倡导开放式协同合作原则是促进对外开放和互联互通的重要保障。在开放式协同合作原则下，G20 国家将形成与传统组织内和组织间不同的协同合作方式，以开放、协同、灵活、包容的合作理念引领 G20 国家的互联互通与共享发展。一方面，要求 G20 各成员国平等参与互联互通与共享发展相关政策的制定、协调与实施，限制外力强加或强权控制对互联互通与共享发展的不良影响；另一方面，指出 G20 要达成协调各利益攸关方的政策共识，而不是单方面要求 G20 各成员国适应 G20 峰会的政策主张。在数字经济时代中，G20 国家充分认识到在数字经济中构建统一开放竞争有序市场体系的重要性和影响力，这些都有利于 G20 国家实现科学技术创新和数字经济增长，充分展现数字经济在促进落实 2030 可持续发展议程目标上的潜力。因此，数字经济时代的 G20 国家在许多经济社会领域的议题达成了政策共识，但各项议题对 G20 成员国的作用力显然不同，需要加以鉴别和区分，G20 各成员国可以灵活地发展优先事项议题，并与其他成员国协同合作。

4. 维护和平安全原则

互联网基础设施建设为数字经济下的互联网经济发展奠定了坚实的基础，同时，也对世界各国社会经济的发展具有无可比拟的优势作用。世界各国可以充分利用先进的信息通信技术，推进信息流和数据流实现跨境流动，共同构建和平安全的网络空间，并不断扩大 ICT 对包括 G20 在内的全球经济增长的积极作用。但数字经济条件下的互联网空间也伴随着互联网技术的危机和挑战，亟须防范 G20 成员国或者其他国家、国际组织等利益攸关方利用互联网平台和信息通信技术进行赌博、洗钱等行为，构建互联网全球治理体系，积极维护网络空间秩序。因此，G20 国家要互相尊重各国的网络主权，合力维护和平与发展的互联网安全，并在互联网开放合作的基础上实现发展共赢。同时，G20 成员国必须尊重适用于隐私和个人数据以及公司商业数据保护的框架，因为这些对增强数字经济领域信心和信任至关重要。

（二）数字经济时代 G20 国家互联互通与共享发展的关键领域

1. 网络基础设施建设领域

数字经济时代的基础设施建设就是网络基础设施建设，没有发达网络基础，数字经济将会成为无本之木、无源之水。G20 成员国在网络基础设施建设领域主要有三个方面合作：第一，拓展宽带网络接入范围，缩小 G20 成员国间的数字鸿沟。特别是提高不发达国家和地区的宽带网络覆盖率，以及在可负担的成本条件下推进最贫困地区居民和人口密度低的地区居民的宽带接入，补齐网络基础设施短板，提高 G20 成员国网络互联互通范围。第二，加快网络使用设备配置，普及数字技术应用。主要加快中小学、社区和组织等正式教育和非正式教育部门网络使用所需的数字化工具配置，为普及数字技术夯实基础，促进 G20 成员国共享数字经济福祉。第三，加强技术研发，提高信息共享效率。目前，G20 国家之间在网络运行速度、安全性和稳定性等方面都有很大的差异，各国要携手共同研究，攻克技术难题，努力提高信息共享效率。

2. 信息通信技术领域

信息通信技术是数字经济的技术支撑，信息通信技术的进步快慢，将直接决定数字经济时代前进的速度。G20 成员国应该充分发挥各自比较优势，通力协作，共同推进信息通信技术快速发展，主要有两个方面的合作：第一，加强信息通信技术研发合作。主要加强互联网、云计算、大数据、物联网、金融科技等方面的技术研发合作，突破技术难题，为经济活动数字化、网络化、智能化提供技术支撑。第二，加强信息通信安全管理技术交流。如果说信息通信技术是数字经济发展的助推器，那么信息安全风险就是数字经济发展的绊脚石。只有保证信息安全，才能树立政府、企业和个人使用数字技术的信心，才能更快地推进数字经济普及和前进。数据承载了使用者最有价值的信息，尊重个人隐私、保护个人财产，也需要信息安全管理技术的支持。G20 成员国要加强信息通信安全管理技术互联互通，制定规范统一的技术标准，提高信息通信技术使用的安全性。

3. 电子商务领域

电子商务是传统商业模式和信息通信技术结合的产物，是数字经济时代 G20 国家互联互通的节点。它不仅颠覆了传统的商业形态，提高了商业效率，还促进了跨境贸易的发展，拓展了贸易边界。G20 国家应加强在电子商务领域的互联互通，构建开放和有利的商业环境，共享电子商务红利。主要有三个方面的合作：第一，促进信息共享，解除信息跨境流动壁垒，允许互联网使用者依法自主选择获得在线信息、知识和服务。第二，消除跨境电子商务壁垒，制定符合大多数国家利益和发展方向的国际贸易准则，确立各国电子商务跨境贸易平等地位，通过电子商务的跨境贸易推动二十国集团互联互通。第三，鼓励企业融入全球价值链。促进电子商务领域的创新创业，特别鼓励小微企业使用信息通信技术进行创新、提高竞争力、开辟新的市场分销渠道。

（三）数字经济时代 G20 国家互联互通与共享发展的支持举措

1. 建立多层次交流体制机制，促进数字经济合作发展

第一，在政府层面上，G20 国家政府部门之间要加强交流沟通，借鉴各国在数字经济领域的先进工作经验，比如在数字经济的政策制定、立法等方面，以促使各国在吸纳其他国家先进经验的基础上制定出符合本国国情的、切实可行的数字经济发展措施。第二，在国际组织层面上，G20 各成员国要充分发挥各国际组织的桥梁作用，利用国际组织，促进各国之间在数字经济方面的交流，完善各自在数字经济领域的政策措施。第三，在民间组织、企业集团层面上，G20 各成员国不仅要为民间组织、企业集团提供良好的沟通交流环境，而且要充分利用其沟通交流的成果，使交流成果转化为具体的实践活动，更好地服务于数字经济的发展。

2. 加强数字经济的培训与研究合作，共享数字经济发展成果

在数字经济发展领域，一方面，G20 各国要加强数字经济的培训，培养数字经济领域内的专业人才、高层次人才，带动数字经济更好、更快地发展。另一方面，G20 各国之间要加强在数字经济领域的研究合作，汇集各国数字经济领域方面的优秀人才，共同对数字经济的某一领域进行研究，势必会研究出比较合理的应对措施，惠及更多国家。

3. 充分发挥"G20 主体"系列会议的积极作用，加强数字经济发展经验交流

在当前情况下，G20 成员国之间已经形成二十国集团工商界活动（B20）、二十国集团劳动会议（L20）、二十国集团智库峰会（T20）等常规性会议活动，而在发展数字经济方面，G20 国家要充分发挥这一系列会议活动的联动效应，对于数字经济中的信任、电子商务、跨境数据流动、物联网等问题，在工商界、学术界以及民间团体中充分交流其发展经验，推动数字经济健康、快速发展。

三、数字经济时代 G20 国家互联互通与共享发展的主要成果

当前，数字经济已成为 G20 国家的重要议题，是推动世界经济强劲、

可持续、平衡和包容性增长的主要力量。在杭州峰会上，G20 国家通过了《二十国集团创新增长蓝图》，强化了数字经济等新兴要素在全球经济复苏疲软下的重要作用。第三次世界互联网大会上，中国国家主席习近平在大会开幕式视频讲话中再次阐述了全球互联网治理的"中国方案"，发出了"愿同国际社会一道，坚持以人类共同福祉为根本，坚持网络主权理念，推动全球互联网治理朝着更加公正合理的方向迈进，推动网络空间实现平等尊重、创新发展、开放共享、安全有序的目标"的中国声音。数字经济时代下，G20 国家在推动互联互通和共享发展方面取得了一系列重要成果。

（一）数字经济时代 G20 国家基础设施互联互通的主要成果

从 2013 年中国提出"一带一路"的倡议到进入务实合作环节，从加强互联互通伙伴关系对话会上提出"以亚洲为重点实现全方位互联互通"到 APEC 会议上将"加强全方位基础设施与互联互通建设"确定为三大重点议题之一，中国用切实行动不断推进互联互通。习近平将互联互通解释为"基础设施、制度规章、人员交流三位一体"、"政策沟通、设施联通、贸易畅通、资金融通、民心相通五大领域齐头并进"的"全方位、立体化、网络状的大联通"，并提出构建覆盖太平洋两岸的亚太互联互通格局、建立多方参与的投融资伙伴关系以打通制约瓶颈、在区域和国际合作框架内推进互联互通和基础设施建设以及通过互联互通促进各领域的密切联系等建议。中国宣布出资 400 亿美元成立丝路基金，用于为"'一带一路'沿线国家基础设施、资源开发、产业合作和金融合作等与互联互通有关的项目提供投融资支持"。在 APEC 部长级会上还通过了《APEC 互联互通框架》和《APEC 基础设施开发与投资多年计划》，为解决基础设施项目融资问题提供了支持。

中国在推进基础设施互联互通中的努力也延续到了 G20 国家中。全球化加强了贸易基础设施和移动性的互联，数字经济时代又为互联互通和共享发展提供了重要发展机遇。数字经济时代，G20 国家始终坚持数量和质量并重的基础设施互联互通。2015 年土耳其峰会提出了改善投资环境、促进高效率、高质量的基础设施投资等一系列新举措。2016 年 2 月公布的《G20 财长和央行行长会议公报》中呼吁多边开发银行制定支持高质量互联互通项目的方案，多方合作、联合融资，"最大限度发挥国别基础设施的正面溢出效应并创造更多投资机会"。该公报提出要启动"全球基础设施互联互通联盟倡议"，并期望建立知识分享平台改善全球基础设施互联互通水平。会议期间，世界银行等 11 家全球主要多边开发机构积极响应 G20 号召，首次联合发表了支持基础设施建设的联合愿景声明，并制定了支持高质量项目的量化目标。随后，成都会议发表了《全球基础设施互联互通联盟倡议》，明确联盟将推动跨境基础设施网络建设，促进物流、人流和信息流等要素的流动。会议还鼓励私营部门投资基础设施，核准了《G20/OECD 基础设施和中小企业融资工具多元化政策指南》等系列文件，G20 成员国还与全球基础设施中心（GIH）完成了《政府与社会资本合作（PPP）风险分担解析报告》，为 G20 各国推动融资工具多元化、吸引私营部门投资和降低投资风险提供了有益的政策建议。习近平在 B20 峰会开幕式上强调要"增进利益共赢的联动，推动构建和优化全球价值链，打造全球增长共赢链"。在 G20 杭州峰会上，中国倡议"一带一路"旨在同沿线各国分享发展机遇；倡导创建亚投行，服务于区域基础设施建设。中国愿与世界各国一起共享中国机遇、中国治理和中国成果。中国还开创性地推动 G20 国际制定全球首个多边投资规则框架——全球投资指导原则，并首次将基础设施互联互通引入 G20 议程。

在 G20 国家的共同努力下，互联互通的基础设施不断加强。中国和 G20 国家一道共同加速推进雅万高铁、亚吉铁路、匈塞铁路等项目，建设比雷埃夫斯港等港口。目前，正在形成以中蒙俄、新亚欧大陆桥等经济走廊为引领，以陆海空通道和信息高速路为骨架，以铁路、港口、官网等重大工程为依托的复合型基础设施网络。从高铁项目来看，经过 6 年的发展，中国已有 27 座城市开通中欧班列线路 51 条，到达欧洲 11 个国家的 28 座城市。2016 年，中欧班列共开行 1702 列，成都和重庆合计开行 866 列，其余城市共计开行 836 列。2017 年多个城市提出运力翻倍计划，其中成都和重庆将合计有 2000 列开行计划。2015 年俄罗斯启动从首都莫斯科往东途经下诺夫哥罗德、喀山和叶卡捷琳堡等国内最大工业和科研中心城市、最终通往中国首都北京的高铁项目，目前莫斯科——喀山高铁由中国承建，是中国高铁走出国门的第一单。2017 年开工建设的雅加达——万隆高铁是首个采用中国技术、中国标准、中国装备的综合型境外高铁项目，建成后将成为印度尼西亚乃至东南亚首条高铁，并将雅加达、万隆两市的通行时间压缩到 40 分钟。

除了高铁项目以外，G20 国家还推进其他基础设施建设的合作。2013 年开始中英合作开发曼彻斯特空港城，该项目是英国继伦敦奥运会后最大的改造项目，也是英国政府发起的"企业区"计划的核心项目，预计于 2023 年完工。2014 年，美国马萨诸塞州交通局批准向中国北车采购价值 5.67 亿美元的 284 辆地铁车辆。该公司是当前世界上唯一能够生产所有车体、所有材质、所有牵引方式地铁列车的轨道交通生产企业，这也标志着中国轨道装备首次进入美国。同年，中国南车和中国北车分别与南非 Transnet 集团公司签署了电力机车和内燃机车整车出口合作。其中，中国南车签署了出口 459 台电力机车，价值 21 亿美元的合同；中国北车签署了出口 232 台内燃机车的合同，这是中国目前高端轨道交通装备整车出口的最大订单。阿根廷贝尔格拉诺货运铁路改造项目是中阿两国政府合作框架下最重要的项目，也是阿根廷近 60 年以来首次开展的铁路大型改造项目，该铁路的改造升级已被列入阿根廷振兴国家铁路的规划。2016 年，中沙延布炼厂正式投产启动，该厂是中国在沙特最大的投资项目，也是中国石化首个海外炼化项目。2017 年 3 月，由中方参与投资建设的英国欣克利角 C 核电项目主体工程正式开工建设，该核电项目是英国 20 年来第一个新建核电站，是中国在英国及欧洲最大的投资项目。

（二）数字经济时代 G20 国家共享数字经济的主要成果

G20 各国除了致力于构建互联互通的国际平台外，还倡导构建国际互联网共享共治的高端平台，让各国能够求共识、谋合作、创共赢。2014 年，以"互联互通　共享共治"为主题的第一届世界互联网大会在中国乌镇召开。习近平在贺词中指出："互联网发展对国家主权、安全、发展利益提出了新的挑战，迫切需要国际社会认真应对、谋求共治、实现共赢"，并表示要与各国一起，"尊重网络主权，维护网络安全，共同构建和平、安全、开放、合作的网络空间，建立多边、民主、透明的国际互联网治理体系"。各分论坛还就互联网新媒体、共建在线地球村、跨境电商、合作打击网络恐怖主义、互联网与金融、互联网与政府、构建全球互联网治理生态系统、构建和平安全开放共赢的网络空间等问题展开了充分讨论。2015 年，国家总理李克强在政府工作报告中首次提出"互联网＋"行动计划，旨在"推动移动互联网、云计算、大数据、物联网等与现代制造业结合，促进电子商务、工业互联网领域和互联网金融健康发展，引导互联网企业拓展国际市场"，表明中国政府进行深度转型升级的坚强决心。中国在"十三五"期间要大力实施网络强国战略、国家大数据战略、"互联网＋"行动计划，发展积极向上的网络文化，拓展网络经济空间。同年 12 月，国家主席习近平出席第二届世界互联网大会开幕式并发表主旨演讲，具体阐述了推进全球互联网治理体系变革的四大原则和共同构建网络空间命运共同体的五点主张。习近平在讲话中强调要加快全球网络基础设施建设，打造网上文化交流共享平台、推动网络经济创新发展、保障网络安全、构建互联网治理体系。

在 G20 杭州峰会上，中国作为主席国首次将"数字经济"列为 G20 创新增长蓝图的一项重要议题，通过了全球首个由多国领导人共同签署的数字经济政策文件——《G20 数字经济发展与合作倡议》，提出了创新、伙伴关系、协同、灵活、包容、开放和有利的商业环境、注重信任和安全的信息流动等七大原则，明确了宽带接入、ICT 投资、创业和数字化转型、电子商务合作、数字包容性、中小微企业发展等数字经济合作与发展的六大关键优先领域，并在知识产权、尊重自主发展道路、数字经济政策制定、国际标准的开发使用、增强信心和信任、无线电频谱管理等六大领域鼓励 G20 各国加强政策制定和监管领域的交流，营造开放和安全的环境。当前，中国数字经济迅猛发展，以大数据、云计算为支撑的数字技术推动不同产业的融合创新，培育新的经济增长点。中国配套基础设施固网与移动宽带普及率均超过全球平均水平，具有光纤网络的家庭占所有家庭的一半以上，网民数量超过7亿人，网站数量454万个，电子商务交易额超过20万亿元，电子信息制造业规模超过11万亿元，阿里巴巴、腾讯、百度跻身全球市值排名最高的十大互联网公司，还成长壮大了华为、中兴、浪潮等云技术和高端服务器提供商。中国正在实施"宽带中国"战略，预计到2020年，中国宽带网络将基本覆盖所有行政村，打通网络基础设施的"最后一公里"。

除了中国以外，美国、欧盟、德国、英国、澳大利亚等国也相继出台数字经济发展战略、数字议程等发展数字经济。世界银行、经济合作组织、世贸组织等国际组织也积极推动数字经济的发展。美国网民人数近3亿人，仅次于中国。2012年美国直接受雇于互联网企业的员工近300万人，美国B2C的销售额接近2300亿美元，2014年美国互联网行业总产值占全美GDP的6%，涌现出了Amazon、Google、Ebay、Facebook等世界领先的互联网企业。2015年中美互联网论坛增强了两个网络大国在互联网界进行多领域、深层次合作和互利共赢的信心。中美两国还在加强信息沟通、共同制定准则、建立对话机制、限制外资审查等方面达成共识，表达了在网络安全方面同舟共济的决心。中美互联网合作六大共识包括：规范商业领域网络安全措施、就恶意网络活动提供信息协助、不窃取网络知识产权、制定网络空间国家行为准则、建立打击网络犯罪对话机制，以及限制外资安全审查范围。

德国于2013年公布《德国高技术战略2020》，提出"德国工业4.0"发展战略，设定了"参与国际数字竞争，打造欧洲数字经济第一强国"的目标。2016年3月发布"数字战略2025"，首次对数字化发展做出系统安排，从战略层面明确了德国制造转型和构建数字社会的具体思路。该战略提出了十个行动步骤：构建千兆光纤网络；开拓新的创业时代，支持初创企业发展；建立投资及创新领域监管框架；在基础设施领域推进智能互联以加速经济发展；加强数据安全，保障数据主权；促进中小企业、手工业和服务业商业模式数字化转型；帮助德国企业推行工业4.0；注重科研创新，数字技

术发展达到顶尖水平；实现数字化教育培训；成立联邦数字机构。同年 12
月德国正式接任 G20 主席国，延续了中国担任主席国期间促进互联网经济
和中小企业数字化等核心倡议，积极推动在 G20 框架内发展数字经济。
2017 年 4 月，在杜塞尔多夫举办以"数字化：数字未来的政策讨论"为主
题的部长级会议，这是 G20 各国首次围绕数字经济召开部长级会议。G20
成员国以及嘉宾国（西班牙、挪威、荷兰和新加坡）的数字部长们就"推
动全球范围内的数字化——利用其增长和就业的潜力"、"数字网络创造产
业价值——制定国际标准"、"创造透明——增强数字世界的信任"等核心
领域展开深入探讨，会议达成一项重要共识，即力争全球所有人到 2025 年
都能接入互联网，并在未来达成网络基础设施、数字化教育、数字化国际标
准等目标。

英国是全球第二大通信服务输出国、第三大计算机服务业输出国和第三
大信息服务输出国，在无线技术、软件开发、计算与数据分析、网络安全、
用户体验和服务设计等方面位居全球前列。中英两国的数字经济合作有良好
的基础，华为、中兴等中国数字技术企业纷纷在英投资，而英国在信息通信
领域的对华出口额快速增长。目前，中英两国在移动智能终端、全球基础电
信服务、智慧城市发展等领域均有重大合作。2017 年 3 月，《英国数字战
略》正式发布，该战略对未来英国在连接战略、数字技能与包容性战略、
数字经济战略、数字转型战略、网络空间战略、数字政府战略和数据经济战
略等七大领域做了全面的部署。该战略的重点是要建立新的数字化技能合作
机制，从而推动英国成为全球领先的数字化经济体。

四、数字经济时代 G20 国家互联互通与共享发展的治理经验

当前，互联网技术的发展不仅极大程度地推进了全球的互联互通，而且
深刻地影响着国际关系治理格局的重塑。互联互通、共享共治是 G20 国家

的共同理想和数字经济时代的共同奋斗目标，它以包容性、开放性、互动性将 G20 各国紧密联系在一起，并将更加民主、科学的现代治理理念以互联网的形式加以传播、借鉴、学习与融合，从而实现 G20 国家的共享共治。中国多次提出要建立多边、民主、透明的国际互联网治理体系的主张，体现了一个网络大国的责任与担当。

（一）数字技术和创新驱动是 G20 国家互联互通与共享发展的基本内核

当前，G20 各国互联互通的步伐不断加快。亚投行积极支持亚洲发展中国家的基础设施建设，一年来为 7 个亚洲国家 9 个项目提供了 17.3 亿美元贷款，撬动了公共和使用部门资金 125 亿美元。这些以公路、铁路、供水、污水处理、城市可持续发展和清洁能源的投资项目对于提升基础设施的供给和使用能力，进而提升产业承载力和竞争力，推进国际产能合作，促进区域互联互通具有积极意义。

互联网是全球化经济发展的重要平台和全球治理的重要载体。当前，互联网基础设施建设取得显著成就。《G20 国家互联网发展研究报告》指出，当前全球网络用户超 30 亿人，其中 G20 国家网民用户达到 22.4 亿人，G20 国家互联网的普及率平均值达到 69%，普遍高于全球平均水平，巴西、印度等新兴国家仍具有较大的发展空间。从互联网经济 GDP 占比来看，英国、韩国、中国、欧盟、印度和美国的互联网经济占 GDP 比重分别为 12.4%、8%、6.9%、5.7%、5.6% 和 5.4%。中国和美国并驾齐驱，正在重塑网络空间格局。

在众多技术创新领域中，信息通信技术领域是 G20 各国中研发最为集中、创新活动最为活跃、创新应用最为广泛、创新效应最为突出的技术创新领域。根据世界银行和联合国教科文组织的最新统计数据，G20 中 19 个成员国的研发投入占全球的 87.3%，每百万人口研发人员均值是世界平均水平的 2.09 倍，高技术产品出口额占全球的 71.7%，知识产权使用费占全球的 75.6%，科技期刊论文发表量占全球的 76.2%，居民专利申请量占世界的 96.6%。在 G20 各国中，中国和美国是互联网应用创新最活跃的地区。此外，云计算、大数据、物联网等产业规模持续扩张，进一步推动新能源、新材料、智能、生物等领域出现一系列泛在技术的应用创新、推动了一大批战略性新兴产业的兴起，产生了大量的新业态。

（二）协同创新和包容增长是 G20 国家互联互通和共享发展的主要抓手

互联网技术的广泛应用促使经济环境和经济活动发生根本改变，是优化产业结构和促进经济增长的驱动要素。世界经济正在加速向以网络信息技术产业为重要内容的经济活动转变，在电子商务、金融科技、互联网媒体和数字物流等领域，创新型 ICT 企业和互联网初创企业正在创造新的商业模式。2015 年以来，欧盟推动数字化单一市场建设。2016 年，G20 杭州峰会宣布将数字经济作为全球经济增长日益重要的驱动力；OECD 召开的数字经济部长会议确认了数字化议程的四个关键政策领域。

数字经济时代全球尺度的全领域开放不仅通过资金、贸易、技术和人才的融通提升各国创新活力，更能通过倒逼改革为经济释放出创新红利。数字经济打破了各种形式的地缘壁垒，建立联动、包容的全球经济良性生态。因此，全球化和数字化要求 G20 各国团结一致，利用互联网等信息技术与平台，开展协同创新，通过学科交叉、大科学工程、跨领域跨国界的团队协作产生前瞻性、基础性、系统性的创新成果。利用新兴技术直接产生或者与其他领域交叉融合产生新兴产业，如将科技创新与文化创意深度融合，互相促进形成新兴产业。通过云计算、大数据和物联网技术的紧密结合和创新驱动，大幅降低储运的空间距离感和时间延迟感，促使知识和信息以前所未有的速度传播，科技创新成果井喷式的涌现和智能技术的广泛应用将进一步推进全球跨产业垂直整合下的价值链重构。

长期以来，G20 机制一直存在金融业和实体经济发展的不平衡，资本、劳工和土地流动的不平衡，各国货币和财政政策分化的不平衡以及科技创新与产业发展之间的不平衡等问题。因此，共同利益基础决定 G20 各国有打破壁垒、开放合作的深度需求。G20 杭州峰会批准了全球首个非约束性的《G20 全球投资指导原则》，承诺落实《G20 全球贸易增长战略》。在全球贸易保护主义有所抬头的形势下以电商等新型贸易形式或全球贸易组织上的创新来实现包容增长。此外，当前全球经济依旧迷雾重重，世界基尼系数已经超过危险线，而产业结构的全球性调整和深度整合又会给不同产业和群体带来冲击。作为支撑世界经济的重要力量，G20 各国要致力于帮助非洲国家和最不发达国家进行工业化，并给予这些国家平等参与世界经济的权利，构建一个以合作共赢为前提的人类命运共同体，真正将包容增长的理念变为现实。

（三）开放合作和安全可信是 G20 国家互联互通和共享发展的重要保障

当前，G20 国家不断加强文化、经济和秩序方面的交流、协作和发展。尽管共同面临物理主权与网络主权的匹配度、跨境数据流动、市场效率较低、基础设施建设还需加强、商业与人工成本仍然较高等诸多网络空间发展挑战，但 G20 国家数字经济发展的规模和效益仍存在较大差异。美国、欧盟等在技术管理控制、行业标准制定等方面具有先发优势，凭借对核心技术和关键资源的垄断，始终在全球互联网治理体系中占据主导地位，并据此在世界网络空间中推行其治理理念，影响着其他国家的网络发展。中国网民数量位居世界第一，但互联网技术自主创新能力不足，发展程度和发达国家还有很大差距。

在 G20 各国的努力下，为稳定全球经济、提升全球治理、改革全球秩序做出了巨大贡献，但同时也面临寻找全球增长新动力、推动全球经济结构性改革和规划未来全球可持续发展等诸多挑战。迫使 G20 机制从危机应对向长效治理转型，从周期性政策向结构性政策改革转型。数字经济时代，

G20 各国同时要面对网络空间治理合作缺失而导致的主权利益受损、跨国网络犯罪或是公民信息自由受限等后果。因此，推动 G20 各国认同并接受互联网空间规则，共同建构互联网空间治理的国际合作框架和运行机制，有助于维护国际网络环境和平稳定的重要保障。中国提出了主权国家有权在本国范围内管理互联网事务，主权国家之间应该通过多边议程平等对话进行互联网治理，联合国等多边机制应该在互联网管理中发挥更大作用等态度主张，这是基于发展中国家和人民共同利益一致基础上对于公平、合理话语权的诉求表达，体现了对世界和平与安全的责任担当。世界互联网大会、中国－东盟信息港论坛、中国－阿拉伯国家博览会网上丝绸之路论坛等充分说明中国正致力于缩小 G20 各国的数字鸿沟、推动网络空间互联互通、共享共治的信心和勇气。在第三届世界互联网大会上，中国做出了愿与世界各国在完善治理规则、促进创新创造、加快网络普及、扩大网络交流、应对安全挑战等方面进行深化合作，携手构建网络空间命运共同体的表态，表明了中国建设多边、民主、透明的国际互联网治理体系，加强互联网领域的国际合作和沟通机制，构建多层次的互联网规则管理协商机制的决心。

五、数字经济时代进一步推动 G20 国家互联互通与共享发展的政策建议

数字经济时代，G20 各国在互联互通和共享发展领域取得了一系列重要成果。在基础设施互联互通方面，一大批跨境重大项目正在推进或已开始实施；在共享发展方面，基于互联网技术的以合作共赢为前提的人类命运共同体正在稳步推进。同时也应看到，G20 国家互联互通与共享发展仍面临一些挑战。比如，G20 各国在陆路、水路、航空、能源和通信等方面的发展规划和技术标准存在较大差异，一些国家的基础设施建设仍存在较大资金缺口，专业技术人才供不应求等。因此，应在尊重相关国家主权和安全的基础上，进一步加强 G20 国家在规划制度、标准体系、技术人员等方面的互联互通，

并通过资金投入、政策护航等手段助推数字经济和共享经济的发展。

（一）完善国际基础设施合作机制，打造高效便利多元的投融资模式

G20各国基础设施的互联互通涉及不同的主权国家和利益主体，并面临自然环境、安全威胁、边贸互补性与均衡问题、地缘政治风险等挑战，要真正实现互联互通，需要各国秉持互利互惠、优势互补的发展理念，坚持开放透明、合作共赢的基本原则，进一步完善政府、私营部门、国际机构、行业协会等广泛参与的国际基础设施合作机制。要进一步加强各国间发展战略与规划的对接，建立互利共赢的合作机制，打造开放、包容与普惠的经济合作框架。可建立常态化的双边会晤和多边协商机制，加强G20国家的沟通磋商，在基建规格、技术标准等方面共同制定国际标准。同时根据各国实际因地制宜，建立以实现共同利益为出发点的差异化的对接模式。

基础设施对经济社会发展具有基础性、先导性、全局性作用，然而基础设施建设的融资需求巨大，特别是近年来世界经济面临下行风险增大和金融市场动荡等严峻挑战，G20国家开展基础设施建设的资金缺口较大，仅亚洲地区每年基础设施建设资金缺口就高达8000亿美元。因此有必要动员更多资金进行基础设施建设，积极推动投融资模式创新，为基础设施互联互通提供资金保障。一方面，G20要推动成立多边开发机构协调机制，定期沟通、交换包括亚洲开发银行、世界银行和其他开发类金融机构的基础设施项目贷款资金信息，及时发布多边开发机构的基础设施优先资助项目，为相关投资提供便利。另一方面，要努力推动基础设施投资基金使用便利化方面的国际合作，积极探索并努力实现基础设施项目贷款安全性和审批效率性之间的平衡。2016年首届全球基础设施论坛的召开为更多更好地投资基础设施、加强发展伙伴之间的合作提供了有益的尝试。包括非洲开发银行、亚洲开发银行、亚洲基础设施投资银行、欧洲复兴开发银行、欧洲投资银行、美洲开发银行集团、伊斯兰开发银行、新开发银行和世界银行集团等全球9家最具影

响力的多边发展银行的行长、联合国秘书长以及 G20、二十四国集团（G24）和七十七国集团加中国（G77 + 中国）的主席出席了论坛活动。通过为全球公共和私人部门提供合作平台，能够有效整合新兴市场和发展中国家的基础设施建设领域的各种资源，扩展复杂基础设施建设项目的投融资市场，从而大幅提升新兴市场和发展中国家的基础设施水平，帮助新兴市场和发展中国家消除贫困并实现具有包容性的可持续增长。除此之外，相关金融机构也应不断创新，适时研发出更多的、适合项目业主和承包企业需要的金融创新产品，满足基础设施建设的资金需要。同时，G20 国家还要把各自的基础设施开发规划同推动地区基础设施互联互通目标紧密结合起来，成功打造一些大型合作项目亮点，发挥示范效应和带动作用，逐步形成更大范围的区域合作。

（二）加快网络信息技术的创新驱动，构建良好有序的网络空间秩序

在后危机时代，G20 各国为激活新的经济增长点、提振就业，纷纷布局数字科技、智能产业开发。在全球经济加速向以网络信息技术产业为重要内容的经济活动转变的重要时期，加快推进网络信息技术的自主创新，加快数字经济对经济发展的推动，加快提高网络管理水平，不断增强网络空间安全防御能力，积极利用网络技术推进社会治理，提升发展中国家对网络空间的国际话语权和规则制定权，构建良好有序的网络空间秩序是 G20 各国应对数字经济时代的重要法宝。

日本经济产业省公布计划支出 195 亿日元用以支持科研开发，建造世界上速度最快的超级计算机，以便开发和改进无人驾驶汽车、机器人和医疗诊断服务。英国也将在未来 5 年设立 230 亿英镑的"国家生产力投资基金"，并将科技创新和基础设施定为优先投资领域。法国调整"新工业法国"战略，重点发展数据经济、智慧物联网、数字安全、智慧饮食、新型能源、可持续发展城市、生态出行、未来交通、未来医药等 9 个领域。德国则投入政

府预算的 5.4% 用于教育和研发，并将投入 1000 亿欧元，在 2025 年前建成覆盖全国的千兆光纤网络。韩国也加大对人工智能、虚拟与增强现实、自动驾驶汽车、轻质材料和智能城市等领域投入。中国也将大力实施网络强国战略、国家大数据战略、"互联网＋"行动计划等一系列重大战略和行动，将数字经济全面发展作为网络强国的重要指标，将适应和引领经济发展新常态作为国家信息化发展战略的重要要求。同时继续围绕供给侧结构性改革，发挥信息化对全要素生产率的提升作用，培育发展新动力，塑造更多发挥先发优势的引领性发展，支撑中国经济向形态更高级、分工更优化、结构更合理的阶段演进。

互联网技术是数字经济的重要支撑，网络主权就是国家主权在网络空间的体现。良好的网络空间秩序需要在充分尊重国家网络主权的基础上，进行相应的制度设计。实践中，G20 各国根据各自的发展和安全需要来制定和实施互联网政策和法规。互联网治理是涉及技术、制度、经济、文化等多种因素共同影响作用下的制度安排过程，这意味着国家应对网络使用及运行过程进行有效管理，包括维护与更新网络基础设施、提升信息技术防范标准、规范网络活动秩序、保护网民合法权益、确保国家经济利益和文化利益不受侵害，这对于发展中国家尤其重要。此外，每个国家互联网治理方式、发展重点和利益诉求各不相同，互联网治理应打破发达国家对互联网的控制以及互联网资源分配不平等局面，坚持共同参与互联网治理，共同分享发展成果、尊重各国具体治理模式的多样化。因此各国应当超越社会制度和意识形态的差异，共同推动和建立为国际社会普遍接受承认的互联网规则，构建适合多元主体参与的治理框架和运行机制。

（三）以创新型人才资源为着力点，贡献互联互通与共享发展的青年力量

创新型人才资源是各国实施创新驱动发展战略的关键因素，也是进一步推动 G20 国家互联互通与共享发展的中坚力量。自工业革命以来，全球科

技中心的三次转移都是以创新型人才的培养和集聚为基本特征并通过重大科技创新来驱动。当前，G20 国家着力营造创新型人才培育和发展的宽松政策环境，创新型人才的规模持续稳定上升，研发支出占 GDP 比重连年攀升，公共教育投入稳定增长，创新成果不断涌现。因此 G20 各国应不断加快创新型人才资源开发，着力提升创新型人才队伍的质量和水平。围绕创新驱动发展战略，确立创新人才战略地位；加快推进教育体制改革，提升创新人才培养质量；建立健全人才引进机制，加大创新人才引进力度；积极营造良好政策环境，促进创新人才效益提升。通过一系列的战略举措，以创新型人才资源为着力点，提升各国互联互通与共享发展的水平。

此外，还要充分发挥杰出人才的领军作用。G20 各国要持续深入开展高精尖缺人才和相关管理人才的培育引进和交流合作，全面提高科技创新人才素质，建设富有创新精神、具有国际视野的高水平、高层次创新型人才队伍。同时，加强科技创新的社会环境建设，培育鼓励探索、宽容失败的创新文化。同时，还要加强知识产权保护，建立健全有利于创新发展的法制保护体系和分配制度等。

在数字经济时代，青年人参与互联网的广度和深度不断加深。伴随着计算机、网络和电子产品成长起来的数字青年生活并融合在无国界的知识世界中，成为整个社会"去中心化"的重要力量。因此具备高科技创新素养的数字青年在改变社会结构的同时，必然会带来高水平的科技创新成果，进而支撑一个国家科技创新能力的强盛。G20 各国应在加强网络基础设施建设的同时，培养青年科技人才，积极开发创新网络信息的核心技术，提升技术标准，为在全球互联网治理体系中获取主动地位而奠定技术实力和人力基础，获得网络治理的话语权，贡献数字经济时代的青年力量。

第二部分

G20 在全球治理中的责任担当与公平国际秩序的构建使命研究

随着全球化的演进推动国际投资贸易往来日益频繁，经济相互渗透，国家与地区之间利益相互交织，形成了联系紧密的利益网，每个国家和地区都是利益网上的重要节点，任何一个节点出现问题便会迅速向四面八方传导，金融危机将这张利益网的传导性演绎得淋漓尽致。全球金融危机凸显全球治理机制和能力供给不足，以发达国家为主导的七国集团（下称 G7）难以控制金融危机恶化的态势，国际货币基金组织和世界银行的政策也难以奏效，由世界上最具影响力和代表性的二十个经济体组成的二十国集团（下称 G20）临危受命，成为携手应对金融危机、修补利益网、修复利益传导机制的重要组织。G20 的诞生体现了全球治理变革的需求，面对着全球经济复苏乏力、经济增长缓慢、贸易保护主义抬头等难题，G20 肩负起实现世界经济稳健增长、推进国际货币基金组织和国际金融体系的改革、推动国际经济向更加公平包容方向前进的重要平台责任。G20 在危机应对中的实践也充分体现出国家和地区之间合作的重要性，这既是每个成员国维护自身利益的选择，同时也是营造良好的国际发展环境的必由之路，G20 在处理全球事务中的积极表现赢得了全球的信任。G20 从诞生之日起就肩负起了全球治理的重任，而且随着 G20 议题的不断深入和拓展，其肩负的责任范围也不断扩大，G20 本身也面临如何更快地从危机应对向长效治理转型过渡、从短期的政策刺激到中长期治理机制转变的挑战。

G20 的鲜明特征体现在代表性、平等性和有效性上，其囊括了全球最主要的经济体。在 G20 内部发达国家与发展中国家的地位是平等的，要实现平等的对话和平衡的增长，就必须缩小国家之间的发展差距。因此，G20 在推进全球治理的同时也在致力于国际公平秩序的构建，通过减少贫困、加大发达国家对发展中国家的援助、反对贸易保护主义等提升发展中国家的国际地位。此外，新兴发展中国家经济实力的增强也对提升国际地位产生了强大的诉求，而且 G20 的治理实践也证明只有加强国家间的合作，才能更有效地应对全球性问题，G20 正从"利益共同体"转向"命运共同体"。可以说，公平的国际秩序的构建是 G20 全球治理责任担当的重要组成部分，同时 G20 在全球治理中的一系列机制创新也自然而然地会推动形成公平的国际秩序。

一、全球治理释义：责任意识与公平意识

（一）全球治理的含义及中国全球治理理念的提出

全球治理源于全球化的兴起，早在 19 世纪后期，主权国家就开始开展对人道救助、卫生、通讯和环境等领域的国际合作实践。1918 年，美国威尔逊总统提出的"十四点"和平计划，论述了关于成立国际联盟的想法，这可以看做是全球治理思想的最早实践。[①] 1945 年联合国成立，作为最具综合性和代表性国际组织的诞生标志着全球治理实践的正式开端。同年，布雷顿森林会议召开，之后创建的国际货币基金组织、世界银行、关贸总协定这三大组织标志着全球经济治理平台和机制的运行。1975 年成立的 G7 组织标志着由发达国家把控的全球治理局面初步形成。随着全球性问题不断涌现，凸显了传统主权国家单方治理的能力不足，联合起来共同应对全球问题显得至关重要，全球治理概念应运而生。

从理论上而言，治理在古希腊文和拉丁文中的原意是指掌舵或操纵，最初指的是一国国内的治理，随着经济全球化推进所带来的全球性问题和挑战不断增多，对国家主权、民主治理都会产生巨大影响，一种全球化的治理规范正在形成。[②] 一些国际关系学者对 20 世纪七八十年代占主流的自由主义理论和现实主义的研究提出质疑，政府失灵和市场失灵所引发的国际市场的动荡已经难以用传统的治理理论来解释，也难以用传统的以发达国家为核心

---

① 陈绍峰、李永辉：《全球治理及其限度》，载于《当代世界与社会主义》2001 年第 6 期。

② Gordon Smith & Mois Naim. Altered States：Globalization, Sovereign, and Governance, Fiziologi-cheski zhurnal SSSR imeni I. M. Sechenova, 2000, 58（5）：pp. 722－728.

的治理方式来解决，尤其是它们没能充分抓住全球化时代中非国家行为体在数量和影响上的增长以及技术变革的意义。① 长期以来，全球背景下国家与国家的关系主要聚焦于国家间的政治关系，从政府的层面来加强对全球的干预，但是随着国际非政府组织、跨国公司、社会团体、国家间组织等非国家行为体的出现，以及对各自利益的追求和全球性事务的参与，深刻地改变了全球的政治关系格局，全球治理的概念呼之欲出。1992 年，詹姆斯·罗西瑙在《没有政府的治理》一书中首次从学术上提炼和建立了全球治理的概念和理论框架，他认为全球治理是对高度复杂和范围各异的行为进行管控的体系，这些治理行为可以成为国家治理的补充甚至替代国家发挥重要的治理作用。② 同年，联合国全球治理委员会成立，主要意图之一就是形成全球治理理念和治理机制，其在 1995 年发表了著名的研究报告《我们的全球之家》中认为"治理是各种公共的或私人的个人和机构管理其共同事务的诸多方式的总和。"③ 该定义强调治理应该是由非政府组织、社会力量、专业性团体等多主体参与的管理方式。早期对全球治理的定义强调的是没有政府参与的治理模式，即通过非政府组织或其他专业性公民社会团体等自发形成的国际规则来弥补政府治理失灵的领域。

早期对全球治理的研究和实践能撇开国家政治的束缚，从社会利益和个人利益角度自下而上地为推动全球治理做出了积极的努力和贡献，能更加清晰地把握社会问题的本质，因而被称为是"无政府治理"模式。然而，主体多元化导致的利益多元化使得全球治理中也出现分歧，这种乌托邦式的西方国家理论的偏执与全球治理的实际相脱节。当冷战结束后，恐怖主义、经济危机、跨国犯罪、流行性疾病、气候变化等越来越多全球性问题和挑战不断涌现，各国之间的矛盾更加错综复杂，传统大国与新兴大国的权力博弈日益深化，没有政府参与的全球治理是不可行的。全球治理越来越被视为是对

①　Thomas G. Weiss. Governance，Good Governance and Global Governance：Conceptual and Actual Challenges，*Third World Quarterly*，2000，21（5）：pp. 240 – 251.

②　Rosenau J N. Governance，Order and Change in World Politics. 1992.

③　The UN Commission on Global Governance，Our Global Neighborhood，Oxford University Press，1995，P. 2.

全球化挑战的一种政治上的回应。① 面对全球化，任何一个国家都不能置身事外，政府不可能被排除在全球治理体系之外，加强政府间的协调与合作显得特别重要，全球治理的含义也逐渐发生了改变。俞可平认为，全球治理即"通过具有约束力的国际规制解决全球性的经济、生态、犯罪等领域的问题，以维持正常的国际政治经济秩序"②，全球治理体系主要包括"全球治理的价值、全球治理的规制、全球治理的主体或基本单元、全球治理的对象或客体，以及全球治理的结果"等五个核心要素。③ 戴维·赫尔德等人认为，全球治理是主权国家、国际组织等通过正式的规则和规范对世界秩序进行管理。④ 诸多学者从全球治理的理论建构、具体问题领域的治理等不同领域、不同角度对全球治理给予了高度的关注，使用了"全球秩序的治理"、"国际治理"、"世界范围的治理"等概念，强调了要加强全球治理需要加强各国政府间的合作，政府与非政府组织之间的合作，等等。这不仅繁荣了各类国际组织，并凸显其在全球事务中的作用，全球治理呈现出"政府的治理"模式。

全球治理的出现，有些学者认为是国际组织试图用一个普遍可以接受的术语来取代"世界政府"这一称呼。也有的学者认为全球治理并不在于其称呼本身，而是要对失控的全球化进行治理，⑤ 对新的世界经济和全球化环境进行管理。尽管对全球治理的内涵和理论还存在着许多争议，但是其作为理论主张和政策实践已经引起了普遍关注，并越来越多地提上国际组织和各国政府的议事日程，成为各国政府和国际组织的重要议题。这些议题涵盖的范围很广泛，包括世界经济、生态环境、能源气候、跨国犯罪等全球性问

---

① R. O. Keohane, Governance in a partially globalized word, American Political Science Review, 2001, 95 (1): pp. 1 – 13.

② 俞可平：《全球治理引论》，载于《马克思主义与现实》2002 年第 1 期，第 20～32 页。

③ 俞可平：《全球治理的趋势及我国的战略选择》，载于《国外理论动态》2012 年第 10 期，第 7～10 页。

④ 戴维·赫尔德、安东尼·麦克格鲁等：《全球大变革：全球化时代的政治、经济与文化》，社会科学文献出版社 2001 年版，第 70 页。

⑤ Chanda. Chanda N. Runaway Globalization Without Governance [J]. Global Governance, 2008, 14 (2): pp. 119 – 125.

题,为了合力解决这些问题,各个国家需要放下政治上的分歧,加强经济上的合作。可见,经济繁荣可以为全球性问题的解决提供有力的支撑。当然,全球治理格局也不可避免地融入政治权威,国际地位和国际话语权的争夺深刻地影响着世界经济秩序的形成。因此,全球治理中涌动着政治、经济等因素的相互影响和作用。

虽然理论界对全球治理的理论和内涵讨论得较多,但是在具体实践中究竟应该采取怎样的治理模式却长期没有形成统一的看法。比如在治理主体上,长期以来形成的全球治理体系基本上是在西方发达国家的主导下建立和运转的,如国际货币基金组织、世界银行、世界贸易组织等国际组织基本处于西方国家的掌控之下,存在着明显的不公正、不合理性,发展中国家的利益诉求难以得到保证。随着新兴国家的兴起并在全球治理中的参与度越来越高,开始积极寻求国际地位的提升,打破了原有治理体系内部的均衡。在治理内容上,当今世界主要的国际组织在 20 世纪 40 年代成立之时,诸如气候变化、国际恐怖主义、网络犯罪等问题还不存在,但是全球化推进所带来的全球性问题越来越多、越来越难,需要多个国家的参与,共同治理全球性问题。在治理的价值上,全球资源是公共物品,每个国家在追求自身利益最大化的过程中都希望尽可能减少自己的成本,而通过"搭便车效应"享受其他国家治理的好处,这种利益博弈最终的结果反而可能会陷入"无为而治"的局面。2015 年 10 月,中国首次在公开场合明确提出"共商、共建、共享"的全球治理理念,为熨平全球治理分歧指明了方向,丰富了人类命运共同体的主张。"共商、共建、共享"构成了加强全球治理、推进全球治理体系与治理能力现代化的系统链条,① 系统地描绘了全球治理的模式。共商是指全球所有参与治理方共同商议,集思广益,形成共同应对全球性问题的思路;共建是各参与方各施所长、各尽所能,发挥各自的优势潜能参与全球的建设;共享,就是让全球治理体制和格局的成果更多地为全球公平地分享。这一全球治理理念的提出不仅回答了"二战"结束后半个多世纪以来

---

① 刘斐:《中国首次明确提出全球治理理念》,中国经济网,http://intl. ce. cn/qqss/201510/14/t20151014_6705305. shtml。

全球治理的目标和途径，而且也深刻地揭示了全球治理的本质并不是利益，而是各个国家对全球的责任担当。

（二）全球治理承载着责任与公平的内核

从表面来看，全球治理体系是不平衡的，发达国家凭借着自身的经济地位长期把持着主导权，在制度体系设计上有很多不公平不合理的现象，广大发展中国家处于从属地位，在全球治理中承担着较重的责任和较大的成本，国家间地位的不平等使相互之间的合作难以推进或不相融洽，降低了全球治理的效率。但是全球治理运行中的不负责和不公平现象只是在特定环境下，全球治理机制运行的失灵并不能掩盖全球治理本身的责任和公平意识。抛开国家的属性和利益，就全球治理本身而言，代表的就是责任与公平。首先，从责任来看，全球治理要解决的问题不是一个国家内部的问题，而是全人类所面临的共同难题，一个国家或地区只有两种选择，要么逃避，要么参与，绝大多数国家或地区出于自身利益的考虑都选择后者，而一旦选择参与就自然而然地承担了一份责任，因为全球资源的公共物品性质客观上与"自私"是不相容的。全球治理突破了一国国内治理的范围界限，无论参与的主体是政府，还是非政府组织、社会团体、企业等，无论是出于积极主动的参与还是出于自身利益的考虑不得不参与，一旦加入全球治理体系中，这种责任就会体现为以正的外部性为代价。其次，从公平来看，全球治理在理论和实践的发展过程中也体现着公平的理念，全球治理的兴起，表明人类对自己在全球化时代所面临的共同问题和共同命运的觉醒，全球治理目标就是对失衡的全球化进行治理，建立起更加公平的国际政治经济秩序。早期全球治理理论中强调非政府组织和社会团体的参与，就是自下而上地对更广泛群体参与地位的诉求，之后全球治理理论强调多主体的参与方式也越来越强调共同治理。随着新兴发展中国家地位的提升，许多全球性问题如果没有发展中国家特别是新兴大国的参与就不可能有效解决。在国际事务中越来越强调发达国家要加大对发展中国家和不发达国家的援助，这就需要全球治理机制更具广泛的代表性。中国对全球治理理念的提出更是表达了国际公平正义观，建立国际机制、遵守国际规则、追求国际正义已经成为越来越多国家的共识。

（三）全球治理中隐含着全球主义和国家主义的矛盾

全球治理中充斥着全球主义和国家主义之间的矛盾，全球主义指的是全球层面的价值共识和公共利益，是通过全球性的组织自上而下地推动全球治理体制运行，并通过有约束力的共识、条约、法律条款等实现有效治理的目标。全球主义立足于所有国家共同利益的角度，形成全球一致的共同行动方案，并且国家之间相互约束和监督，形成自觉维护全球利益的共同行动，"主权取决于它保护个人权利的责任，无论任何国家失去了这个责任，其他的主权国家就可以运用国际权威保护和维护个人的权利。"[1] 如中国提出的全球治理的理念和"人类命运共同体"的主张，就是全球主义的价值观。2015 年巴黎气候变化大会上通过了《巴黎协定》被认为是一份全面、平衡、有力度、有法律效力的协议，体现了世界各国利益和全球利益的平衡，是全球气候治理进程的里程碑，这也是全球主义价值观的体现。国家主义强调国家在全球治理中的主导地位，虽然也认为国家与国家之间的合作是全球治理的有效方式，但是合作的出发点是本国利益的最大化，在实现本国利益的基础上推动全球利益的实现，因而国家之间的合作往往是谈判和相互妥协的结果。国家主义更加强调在维护各国利益基础上通过自下而上地实现全球性组织的治理，如由发达国家组成的八国集团（G8）长期以来占据着全球治理的核心圈，在国际事务中处处维护发达国家的利益；联合国等国际组织的主权原则、不干涉内政原则不断受到非传统安全问题和"保护的责任"等原则的挑战。[2]

---

① 张胜军：《国际刑事法院的普遍管辖权与自由主义国际秩序》，载于《世界经济与政治》2006 年第 8 期，第 23 页。

② 张胜军：《全球治理的最新发展和理论动态》，载于《国外理论动态》2012 年第 10 期，第 24～28 页。

全球主义和国家主义之间既相互协调，又相互矛盾，全球治理需要全球国家的共同努力，这在多个国家已经形成了共识，全球性问题的解决可以为各国利益的实现提供更优的环境。但是全球利益的实现有时候也会牺牲国家的利益，比如，发达国家要为发展中国家和不发达国家提供援助，发展中国家在工业化进程中为了保护环境和履行减排的义务不得不推动结构的转型升级，走新型工业化发展道路，从而提升工业化的成本。全球主义和国家主义之间的矛盾在一定程度上会阻碍全球治理的进程，因此，只有妥善处理好两者的关系才能更好地凸显全球治理的责任和公平。

二、从临时性国际组织到全球治理平台：G20 责任担当的角色转变

如果说 1997 年亚洲金融危机使全球开始反思长期以来以发达国家为主导的全球治理方式的缺陷的话，那 2008 年金融危机就彻底地打破了发达国家想牢牢把握主导权的梦想。发达国家已经不能寄希望于通过暂时性的让步来解决暂时性的危机，而是要正视新兴发展中国家崛起的事实，要接受必须通过与发展中国家的合作才能彻底解决制约经济增长的难题。并且这种合作不是暂时的，而是长期的趋势，因为不平衡的国际经济格局所积累的各种体制机制的矛盾必须通过长期的改革才能解除。G20 就是发达国家经过考虑和妥协吸收发展中国家加入而成立的国家间合作平台，其诞生之初就天然地带上了全球治理的责任，充当着维护全球经济稳定、促进全球经济增长、构建更加平等的国际经济新秩序的角色，并且这一角色随着全球经济形势的变化而变化。

（一）G20 在全球治理责任担当中的角色变化

20 世纪 70 年代，"美元危机"、"石油危机"、"布雷顿森林"体系瓦解

等一系列事件使全球经济陷入混乱之中，为解除经济危机，加强政策协调，发达国家不得不寻求合作以解决共同面临的难题，由美国、法国、英国、西德、日本、意大利、加拿大等 7 个国家组成的七国集团（G7）由此产生，1991 年俄罗斯加入，成为八国集团（G8）。G7/G8 峰会成为治理世界经济、贸易和投资的主要机制，一定程度上操控着全球经济的走向，但是，他们也提出要同新兴市场进行建设性的对话。1997 年亚洲金融危机对新兴工业化国家经济形成了巨大的打击，同时也波及发达国家和其他发展中国家，世界银行、国际货币基金组织等出台的一些政策措施并没有取得实质性的成效。发达国家既看到了现存国际机构的弊端，也看到了新兴经济体国家的重要作用，为了应对亚洲金融危机，尽快恢复世界金融和贸易秩序，防止亚洲金融风暴的重演，七国集团财政会议提出要让更多的国家就国际经济货币政策举行经常性对话。1999 年 9 月，包括 G8 以及中国、阿根廷、澳大利亚、巴西、印度、印度尼西亚、韩国、墨西哥、沙特阿拉伯、南非、土耳其、欧盟等国家和地区的二十国集团正式成立，并在德国柏林第一次召开了二十国集团（G20）财长会议。随后，从 1999 年到 2008 年的上半年，G20 财长会议每年召开一次。新兴市场国家对全球治理的介入并没有改变 G7 在全球化中的主导地位，大多数情况下，新兴市场国家扮演着参与者的角色，例行参加每年的财政会议，国家首脑没有在 G20 任何会议的邀请之列。2008 年金融危机爆发后，常规的治理方式已经难以遏制金融危机的蔓延之势，再次暴露了以发达国家为主导的全球治理规则的不合理性，需要切实发挥新兴经济体国家在全球治理中的实质性作用。在发达国家的推动下，G20 从部长级会议升格为领导人峰会，2008 年 11 月，首届 G20 领导人峰会在华盛顿召开，各国就合作应对国际金融危机、维护世界经济稳定达成重要共识，通过多项改革行动，着手应对全球金融危机。2009 年 G20 匹兹堡峰会明确提出了 G20 是协调全球经济事务的首要平台；从 2011 年戛纳峰会起，G20 决定每年举行一次峰会，标志着 G20 运行步入机制化轨道。G20 通过采取果断措施推进金融市场改革，重塑国际金融秩序，协调行动帮助消除严重的市场紧张情绪，这对稳定世界金融市场、避免全球衰退、完善全球经济治理发挥了重要的作用。在全球多方的共同努力下，金融危机本身得到了有效的控制，但是金融危机打乱了原有的经济运行秩序，隐藏在经济中的一系列矛盾逐渐暴露出来，留下了许多"后遗症"，这也使得G20的议题从应对金融危机逐渐扩大到贸易、投资、发展、难民、气候变化、反腐败等几乎所有的全球经济治理议题，与议题相对的G20部长级会议也从最初的央行行长和财长会议扩容到劳工和就业部长会议、贸易部长会议、农业部长会议、发展问题部长会议、旅游部长会议、能源部长会议等多个部长级会议，G20机制本身也从暂时性的危机应对为主转向兼顾长效性的经济治理。

随着越来越多的安全和社会性议题加入，G20已经不仅仅是经济事务协调的平台，更呈现出全球综合性治理平台的特征。金融危机压力的消退，各国经济复苏呈现了不平衡的态势，G20的关注点从联合实施经济刺激计划转向宏观政策的协调，但由于各国的政策关注点和利益不同，G20结构性问题开始凸显出来。2016年G20杭州峰会可以看作是G20全球治理的重要转折点，中国明确提出了"构建创新、活力、联动、包容的世界经济"的主题，为世界经济增长提出了"中国方案"，既从创新增长方式、完善全球经济金融治理、提振国际贸易和投资、促进包容联动式发展等方面着手，为世界经济增长注入新动能。中国呼吁G20要进行结构性改革，注重不同国家之间政策的协调，这意味着G20的全球治理将从危机应对机制向长效治理机制转型，从侧重短期政策向短中长期政策并重转型。未来，G20将肩负着推动全球经济增长的重任，在全球治理中担当结构性改革的先行者和全球经济秩序稳定者的角色。

G20全球治理责任担当的角色变化主要呈现出四个方面的特征：一是从被动参与到主动担当。1998年面对亚洲金融风暴的扩散和破坏程度的加深，发达国家不得不联合发展中国家共同应对，最初组成的G20财长会议完全是应对暂时性危机的需要，此时全球经济治理的主要角色仍由世界银行、国际货币基金组织、G8等担任，G20似乎是一个临时性的组合。亚洲金融危机过后，G20财政会议虽每年召开一次，但在全球治理中并没有什么影响力。但是2008年金融危机爆发后，G20财长会议升级为领导人峰会，G20

在应对危机中抢眼的表现不仅强化了 G20 的重要地位，也逐渐赢得了全球的信任，更是彰显了新兴发展中国家的重要性。G20 在危机处理中逐渐地扩大议题范围，俨然已成为全球治理的重要组织，主动担当起应对全球性问题的责任。二是从无责任意识到责任意识不断加强。在 G20 财长会议举行之初，G20 国家的合作仅仅是为了应对短期困难，多数国家是出于自身利益的考虑，并没有上升到承担全球责任的高度。随着全球化的发展，国家与国家的联系更加紧密，特别是 2008 年金融危机更是表明了全球经济已经形成了一个统一体，任何一个环节出现问题都会引发全球性经济的波动。各个国家和地区也逐渐意识到本国和本地区的利益与其他国家和地区的利益是紧密联系在一起的，加强国家间的合作，维护共同的利益才能更好地实现本国的利益。G20 上升为领导人峰会后已经明显地表现出承担全球责任的意识，发达国家与发展中国家就全球性问题的讨论和妥协，以及对共同行动方案的积极落实彰显了向"人类命运共同体"目标的迈进。三是内部结构从不平衡趋向平衡。发达国家凭借着自己的经济优势在国际上长期把握着主动权，甚至为了维护自身的利益不惜牺牲发展中国家和不发达国家的利益。G20 是在 G8 的提议下成立的，发达国家自然将自己的"霸权"特性带入到 G20 中，使 G20 一开始就呈现出明显的不平衡，发达国家一方面要利用新兴发展中国家的优势，另一方面又不希望丧失主导权，对发展中国家进行打压。随着新兴发展中国家经济实力的不断增强，在应对 2008 年金融危机中出色表现，以及一系列创新的发展模式，大大增强了新兴发展中国家的全球影响力，发达国家不得不正视新兴发展中国家的崛起，在全球性议题中更多地考虑消除贫困、加大援助、促进人类可持续发展的问题，G20 内部结构也从不平衡趋向国家间地位更加平衡的趋势。四是 G20 责任担当范围从局部性逐步扩展到全面性。随着金融危机的逐渐消退，G20 全球治理的责任范围已明显地从危机应对转向中长期治理，从经济政策的制定和调整转向深层次的中长期结构性改革。G20 的议题范围不断扩大，早已突破了单纯的经济性问题的讨论，而是把全球发展中的气候变化、恐怖主义、贫困、难民等社会性问题也纳入其中，G20 已不单单是全球经济治理的平台，更是一个全球综合性事务治理平台，在全球的影响力也越来越大，已经成为一个担负全球责任的不可或缺的重要角色。

（二）责任担当与公平意识一直是 G20 的重要议题

金融危机爆发时，G20 临危受命，以应对危机、重建国际秩序、消除共同难题为共同任务，承担起抵御危机、恢复全球经济增长的责任。但是 G20 的建立不是以法律为基础，其达成的国际协议也没有法律约束力，各项公报、宣言和行动也只有方向性的指引作用，不对成员国构成国际法律义务。G20 参与全球治理主要是以议题的方式，随着 G20 议题的不断扩大，G20 所讨论的事务范围不断增多，承担的全球责任范围也不断扩大。虽然 G20 在全球事务处理中关于责任的划分充斥着发达国家与发展中国家之间的矛盾，不同国家或被动或主动地履行相应的责任，但是发达国家意识到应对全球金融危机需要有发展中国家的参与，而发展中国家的积极参与也可以借机提高自身的国际地位，发达国家的妥协与发展中国家的积极争取使 G20 在推进全球经济增长目标实现中也要兼顾全球经济的增长的平衡性和可持续性，有关责任和公平始终在 G20 的议题范围之内。

在 G20 前 10 年的发展历程中，关于责任担当和公平国际秩序的议题主要集中在减贫、贸易自由化和促进发展中国家经济发展等方面（见表 2-1）。这主要是因为发达国家与发展中国家之间的经济发展地位悬殊，许多不发达国家首先要解决的问题是温饱问题，如果连最基本的生存保障问题都无法解决，就更谈不上政治地位的提升和参与全球治理。发达国家与发展中国家经济发展的不平衡是其他一切不平衡的根源，因此要充分发挥发展中国家在全球治理中的作用。首先应该改善发展中国家贫困境地，缩小经济发展差距，发达国家与发展中国家才有合作的基础。历年 G20 财长会议主张发达国家对发展中国家的援助，强调国际金融机制改革、推动尽快完成多哈回合谈判，实现联合国千年发展目标等，从而为全球治理营造更加公平的环境。特别是新兴发展中国家对构建公平国际秩序的意愿更加强烈，G20 财长会议如果是在发展中国家召开的，有关责任担当和公平的国际秩序方面的讨论占议题的比例会更高。

表 2 - 1　　　　　1999～2008 年 G20 历年议题对公平国际秩序的主张

	年份	有关公平国际秩序的主张
G20 财长会议	1999	柏林会议上，支持贸易自由化以推动普惠的全球化
	2000	蒙特利尔会议上，讨论可持续、大范围地提高民众生活水平的措施，公报中第一次提到了发展援助
	2001	渥太华会议上，呼吁降低增长放缓对发展中国家的不利影响，强调要减少贫困
	2002	新德里会议上，特别强调减少贫困和启动发展中国家的需求，公报中第一讨论了联合国千年发展目标的问题
	2003	墨西哥会议上，引入了发达国家与发展中国家"平衡发展"的原则，将贸易与"千年发展目标挂钩"，要对穷国进行债务减免
	2004	柏林会议上，再次重申支持"千年发展目标"，专门讨论了教育、金融包容性与社会安全网等议题
	2005	中国会议上，强调 G20 作为发达国家与新兴国家之间政策对话的主要论坛作用，发达国家的对外援助要达到其 GDP 的 0.7%，探索新的发展融资机制
	2006	澳大利亚会议上，强调要实现惠及多数人的经济增长，减少贫困，推动多哈回合谈判，促进国际货币基金组织改革
	2007	南非会议上，国际金融机构改革、多哈回合谈判、联合国千年发展目标等仍然是会议讨论的一部分内容
	2008	巴西会议上，强调减贫和社会包容性，重新恢复对发展中国家的资本流入和投资，尽快完成多哈回合谈判

　　金融危机使 G20 所面临的推动全球经济增长的任务更加艰巨，当 G20 财长会议升格为 G20 峰会后，G20 成为了国际社会普遍高度重视的全球治理的重要机制，并在维持全球金融、经济稳定，促进世界主要经济体互利合作上发挥了重要的作用。围绕着"强劲、可持续和平衡增长框架"，G20 致力于推动包容性的经济增长，推进货币基金组织和金融体系改革，推进结构性改革来强化各国宏观政策的沟通和协调。2008 年金融危机以来，新兴发展中国家经济增长的强劲表现成为推动全球经济增长的重要引擎，新兴发

中国家对提升国际地位和话语权的呼声也更加强烈，有关公平秩序构建的主张所占的分量更大，特别是 2016 年杭州峰会上，中国提出了包容和联动式发展，G20 第一次将发展问题置于全球宏观政策框架的突出位置，第一次围绕落实 2030 年可持续发展议程制定系统性行动计划，推动国际秩序朝向更加公平合理的方向发展，有利于减少全球发展不平等、不平衡现象，使各国人民能更加公平地享受全球经济增长的成果（见表 2－2）。

表 2－2　　　　　2008～2016 年 G20 历年议题对公平国际秩序的主张

	年份	有关公平国际秩序的主张
G20 峰会	2008	华盛顿峰会上，强调善治、问责、透明度及自由贸易与投资、市场有效监管等
	2009	伦敦峰会上，讨论信贷恢复、气候变化及国际金融机构改革等
	2009	匹兹堡峰会上，强调全面和平衡的经济、金融、劳动、教育和社会政策有助于减少不平等，启动"强劲、持续、平衡增长框架"及相互评估进程
	2010	多伦多峰会上，强调金融稳定，减少赤字，继续在 G20 成员国进行结构改革，使全球增长达到再平衡
	2010	首尔峰会上，同意制定在"强劲、可持续、平衡增长框架"下解决大额经常账户失衡问题，讨论了国际货币基金组织量化改革
	2011	戛纳峰会上，通过《促进增长和就业戛纳行动计划》，同意考虑在多哈回合谈判以外加入额外的、平行的国际贸易谈判
	2012	洛斯卡沃斯峰会上，尤其关注关于食品安全，金融服务普及性，可持续发展以及包容性绿色增长的议题
	2013	圣彼得堡峰会上，呼吁加强政策协调，建设更加紧密的经济伙伴关系，强调刺激增长和创造就业是二十国集团的优先任务，重申了开展金融监管改革和国际货币基金组织改革的承诺
	2014	布里斯班峰会上，强调促进全球经济增长、改善民生和就业是当前最重要的任务，欢迎新兴市场国家增加在金融稳定理事会的代表性
	2015	安塔利亚峰会上，强调决定采取共同行动，以实现包容和稳健增长，增加人民福祉，致力于创造更多、更高质量就业，促进全球强劲、可持续和平衡增长。首次讨论恐怖主义和难民危机问题
	2016	杭州峰会上，强调加强宏观政策沟通和协调，大力推进结构性改革，为全球增长开辟新路径，全面提升世界经济中长期增长潜力。完善全球金融治理，重振国际投资和贸易两大引擎，推进包容和联动式发展

（三）G20 参与全球治理是公平国际秩序构建的重要平台

"二战"以后，以《联合国宪章》宗旨和原则为基础的国际秩序，为国际体系建设翻开了新的历史篇章，但是公平国际秩序的构建并不是那么顺畅，随之而来的冷战中两大阵营的对立实际上是霸权主义延续下对国际主导权的争夺，国际同盟的破裂，大国的崛起使国际关系充满变数。冷战结束后，美国凭借着强大的经济、军事和科技实力成为世界上唯一超级大国，虽然国际上寻求建立多极化的呼声很高，但尚未出现能与美国相抗衡的国家和地区，国际格局呈现出"一超多强"的过渡状态。与此同时，中国、俄罗斯、印度、巴西、南非、印度尼西亚、土耳其等一大批新兴市场经济体和发展中国家的经济实力不断增强，逐步融入全球化大潮，世界各国的利益和命运更加紧密地联系在一起，对立和对抗已经不再是国际秩序的决定性因素，取而代之的是以和平发展为出发点的合作与共赢。随着国际形势的不断发展演变，国际秩序也在不断与时俱进，以适应国际力量对比变化，特别是广大发展中国家对改革完善国际秩序的呼声日趋高涨的现实。世界对比力量的变化使世界经济开始从单极走向多极，发展中国家开始寻求国际政治地位的提升和国际秩序的再平衡，构建公平的国际秩序的呼声越来越强烈，形成改革全球治理体系、重塑国际秩序的主要推动力。如今，完善全球治理是实现全球经济增长的唯一出路，一直以来以发达国家为主导的全球治理架构必须调整，只有各个国家可以平等参与的全球治理才能解决全球化的问题。

金砖机制发展成长，G20 的异军突起，以及亚洲基础设施投资银行和金砖新开发银行等新型国际金融机构的建立，都在倡导着要促进全球经济包容性和平衡增长，这是对传统的以联合国、国际货币基金组织、世界银行等为主体的全球治理机构治理方式的极大创新，也是对一贯以西方发达国家为主体的全球治理体系的极大冲击和挑战。特别是在 G20 之前，没有一个国际平台是可以有发展中国家广泛参与的，G20 已成为全球最有影响力的经济体，其成员国经济总量占全球三分之二以上，可以说，只要这些主要经济体的经济稳定增长，世界经济就不会出现重大危机，只要这些主要经济体能加强合作，全球合作就能顺利推进。特别是 G20 内部发展中国家正在为构建公平的国际秩序而努力，如中国所倡导的树立人类命运共同体意识，减少全球发展不平等、不平衡现象，使各国人民公平享有世界经济增长带来的利益正深刻地影响着全球治理的目标和方向，结构性改革的建议指出了全球治理的根本性症结所在，这也得到广大国家的认可和推崇。国际秩序正处于从不平衡向更加公平的方式转变，G20 在体制机制上的不断创新俨然已成为国际公平秩序构建的重要平台。

但是，G20 作为公平国际秩序构建的重要平台，其内部也是充斥着不稳定和不平衡，发达国家与发展中国家的经济发展差距还较大，全球治理的结构性问题根深蒂固，结构性改革的推进需要一个较长的时间，发达国家与发展中国家的合作是否仅是为了应对眼前的增长困境还不得而知，一旦经济实现了稳定增长，要警惕发达国家"霸权思想"的卷土重来。因此，要确保 G20 全球治理和公平国际秩序构建的平台作用能持续和长久，更多的要充分发挥发展中国家的智慧，形成发展中国家自身的核心竞争优势，形成吸引发达国家与之合作的利益链，真正形成缺任何一方都不可的"命运共同体"。

三、外部挑战与内部困境交织：G20 参与全球治理正处于转型时期

虽然金融危机的阴霾已经逐渐散去，但是国际经济金融形势依然严峻，全球治理体系距离公平、合理、高效的目标还有很大的差距，这对被寄予厚望的 G20 提出了更高的要求。国际形势的变化或主动或被动地推动 G20 步入从危机应对向长效治理机制转型，从周期性政策向结构性政策改革转型的关键时期。同时，G20 的目标也变得更为长远，从解决短期性问题为主转变

为追求激发长期增长潜力和增强内生增长动力。这意味着，G20 在全球治理中担当的责任更加艰巨，公平国际秩序的构建也还有很长的路要走。当前，探寻全球增长新动力、推动全球经济结构性改革、规划未来全球可持续发展、G20 本身的机制完善等都是转型时期 G20 必须面对的难题，G20 的应对方式直接决定了转型的效率和转型结果的成败。

（一）G20 参与全球治理面临的外部挑战

1. 全球经济复苏乏力挑战 G20 全球治理的威信

由于刺激性政策作用衰退，结构性改革的效应短期无法显现，2016 年全球黑天鹅事件频发扰乱了全球金融市场，再加上欧洲难民危机、土耳其政变等地缘政治冲突等，全球经济复苏面临着巨大挑战，经济增长基础薄弱，复苏乏力。G20 全球治理的首要任务就是要恢复全球经济强劲可持续平衡增长，如果这一最基本的目标无法实现，G20 将会失去多年来建立起来的全球信任。未来，全球经济复苏仍面临着极大的不确定性风险，美国劳动生产率增速还低于 2008 年金融危机前的增速，美国启动的加息计划对经济的影响还有待观察，美元升值可能会对其实体经济发展和出口产生抑制作用等；欧元区巨额的财政赤字、沉重的社会保障负担和较高的失业率是制约其经济增长的主要原因；日本的大规模刺激计划以及人口老龄化带来的巨额债务使其债务风险不断加大；新兴经济体会由于美元的升值而加重偿债负担，贸易保护主义的升温也会使新兴经济体的出口承受较大压力。这些不确定性风险将使全球经济增长面临着较大的压力，也对 G20 全球治理形成了巨大的考验，G20 必须强化政策的灵活性和适应性。

2. 逆全球化思潮崛起挑战 G20 全球治理的理念

全球化是一把双刃剑，一方面，全球化通过社会组织模式变革和市场力量的释放，构建了全球生产体系，促进了生产效率提升和全球财富增长；另一方面，全球化也加剧了阶级分化和社会对立，带来了贫困、分配不公、环境污染等问题，身处压力之下的年轻人和穷人开始怀疑自由贸易，怀疑全球化的生产方式，于是，反全球化的情绪开始滋生并不断加剧。金融危机造成的失业率高企、债务率上升、贫富差距扩大、社会两极分化等更是激发了贸易保护主义、民粹主义和反移民情绪上升，这种情绪已经广泛渗透到经济、政治、社会等领域。经济上反对贸易保护主义，反外资和反移民；政治上民粹主义和种族主义盛行；社会上反全球化成为对生活不满的发泄，造成了社会不确定、不稳定和不安定。英国公投脱欧、德国右派选择党的崛起、法国右派国民阵线的扩张、美国特朗普当选总统等都是朝着反全球化的方向发展，使未来全球化充满变数。逆全球化思潮割断了多年来形成的全球利益网，国家将后退到孤立的状态，这与 G20 所倡导的国家间的合作与联动是背道而驰的，失去了国家合作的 G20 将是一盘散沙，全球治理也将寸步难行。

3. 结构性改革的复杂挑战 G20 全球治理的意志

全球经济陷入低速增长的泥潭无法自拔的最根本是在于经济的结构性失衡，如供需结构、产业结构、产品结构、贸易结构、要素结构等诸多方面上的结构不匹配，单方面的政策刺激只能暂时缓和结构性矛盾，但却无法消除矛盾，如果不对经济本身开展结构性改革，就无法扫除经济增长的障碍。近年来，全球国家不断提高对结构性改革的重视程度，特别是 G20，在连续几年的峰会中都达成了多项的结构性改革的承诺。然而，结构性问题是一个国家所面临的深层次问题，中长期结构性改革必然会触及既得利益体的利益而招致反对和阻挠，这决定了结构性改革是一个长期且复杂的过程，并且经济发展程度不同的国家面临的结构性问题是不同的。发达国家的结构性问题主要集中在老龄化、高消费、高福利、贫富差距加大等方面；发展中国家的结构性问题主要表现为供给的单一化和结构低端化、技术创新能力不强、产能过剩、资产价格上升对实体经济的挤压等方面；不发达国家的结构性问题主要是经济发展水平极低，各项社会事业发展极端落后或者还根本谈不上发展。此外，G20 本身也面临着结构问题，这些结构性问题将会使全球经济发展陷入不平衡中，考验着 G20 全球治理的意志，是迎难而上还是知难而退？是坚持推进改革还是放弃？这对 G20 全球治理的长期性和持续性形成了巨大挑战。

4. 大范围领导人更迭挑战 G20 全球治理的行动

一般而言，一个国家的对外政策很大程度上受到领导人执政理念和方案的影响，G20 全球治理中的责任担当需要各个成员国凝心聚力，在每届峰会后形成的共识和行动需要各个成员国在会后具体落实，因此，领导人的稳定性和领导人更迭后的政策延续性将极大地影响 G20 具体战略的执行。如今，参加第一届 G20 华盛顿峰会的领导人在位的已寥寥无几，而多个成员国的领导人又面临着新一轮的选举，仅是从安塔利亚峰会到杭州峰会不到一年的时间里，G20 成员国就有三位领导人发生了变化，英国和巴西首脑的非常规轮换、部分领导人民调支持率持续下滑都折射出一些国家的政治危机可能一触即发。2017 年，韩国、法国和德国都举行大选，新一代领导人面临的问题不同、需求各异，决定了他们在参与 G20 全球治理时可能会持不同的态度，国家利益和民粹主义可能会较强。此外，新兴国家领导人与发达国家新一代领导人的沟通交流也需要时间去磨合，影响 G20 合作机制的政治基础和合作意愿，这将会影响到 G20 全球治理行动的时间表及稳定性和持续性。

（二）G20 参与全球治理面临的内部困境

1. 行动上的弱约束降低 G20 机制的效率

G20 建立时没有法律文件为基础，不具备正式的国际法律地位，完全是成员国自愿组成的一种保证型的合作组织，它既没有常设秘书处，也没有执行或监管的治理实体，这就决定了 G20 只是全球治理的协商平台而不是执行平台。G20 所通过的各项公报、宣言和行动计划没有法律约束力，只是一种方向的指引，不能对成员国构成国际法律义务，成员国在 G20 峰会上所做的承诺也是一种保证型的政治承诺，不具备执行上的法律强制力。因此，G20 成员国在行动落实上缺乏强有力的约束，带有很大的随意性，即使没有积极落实也不需要承担相应的后果和责任。由于缺乏落实机制，多数议题议而不决，特别是随着金融危机最困难的时期已经过去，G20 在合作方面有所松懈，降低了 G20 机制的运行效率，也加大了 G20 转型难度。此外，由于成员国缺乏统一的政策协调，G20 全球治理能力显得不足。

2. 权力上的不平衡破坏 G20 的凝聚力

G20 内部的协调需要均衡的权力基础，需要建立起统一规范的制度框架，然而成员国之间，特别是发达国家与发展中国家之间的权力是不均衡的。美欧等发达国家一直在 G20 中居于主导地位，他们既要联合新兴发展中国家的力量来共同应对全球化问题，又害怕发展中国家力量的强大会威胁到自己的国际地位和话语权，发达国家试图保持甚至扩大自身在全球治理中的领导权。这种矛盾的态度造成发达国家与发展中国之间的合作缺乏诚意，各个国家为了自己的利益要不断地博弈，在金融监管、份额安排以及投票权的调整中争吵不休。权力上的不平衡使利益分配也不均衡，严重影响了 G20 成员之间的关系，发达国家的强势和发展中国家的争取破坏了 G20 的合作基础，掺杂着各国私利的 G20 合作也必然会削弱其凝聚力，特别是在关键性利益问题上，全球治理体系显得特别脆弱，更谈不上承担国际社会责任。

3. 议题上的不合理削弱 G20 的核心力

最初 G20 的议题设置主要围绕着经济问题和金融问题，目的是要通过 G20 的合作重建国际金融秩序。随着 G20 合作的不断拓展，G20 议题的设置也不断扩大，从金融领域扩展气候变化、欧洲难民危机、反恐、叙利亚问题等国际热点问题，从经济领域延伸到安全领域。议题的扩大一方面表明了

G20 在全球治理中的地位不断提升，另一方面也表明了 G20 肩负的责任越来越大，从经济领域扩展到整个社会的综合领域。然而 G20 议题的设置也有不合理之处，虽然 G20 被赋予了全球治理的重要平台作用，但是其责任承担和能力不相匹配，显然，G20 目前还不具备全球治理的足够实力。G20 当前正处于转型期，面临着诸如机制的临时性、非正式性、低效性、议题设置不合理性等诸多难题，要真正实现机制转型，建立长效治理机制，首先必须逐步解决这些难题，过快过多地涉足其他领域反而会分散 G20 在经济金融方面的核心治理能力。

4. 经验上的不充分考验 G20 的适应力

G20 成立之初的主要目的是为了应对金融危机，着眼于国际经济金融体制改革，而后才逐渐地把议题扩大到政治、社会等领域，相比于世界银行、国际货币基金组织等国际机构，G20 运行的时间短、经历少、在全球治理方面经验还比较缺乏。随着制约全球经济增长的深层次问题不断显现，政策调整已经难以解决根本性问题，必须进行结构性改革。但是改革又是一个新的事物，没有样本可以复制，也没有成功的经验可以借鉴，怎样改，向哪个方向改，需要不断地尝试和改进。作为年轻的国际组织，G20 的体制机制还有待进一步完善，如何开展创新、如何更好地加强国家间的合作、如何妥善处理好内部矛盾和外部利益的关系等都有待于 G20 在实践中探索。全球经济发展还充满了很大的不确定性，一些新的风险随时有可能会出现，这极大地考验着 G20 对经济发展趋势的预判和应变能力，考验着 G20 对全球治理的责任承担能力。

（三）全球治理转型期对 G20 责任担当和公平国际秩序构建的影响

G20 全球治理面临的外部挑战和内部困境决定了其转型期将是一个较长的时期，但这并不影响 G20 在全球治理中作为责任担当者和公平国际秩序构建者的目标和任务，而且 G20 在积极谋求从危机处理向中长期治理转变，从短期政策向长期机制转变，从政策调整向结构性改革转变等正是 G20 作为国际组织的责任担当，是 G20 成员国作为负责任的国家对未来的创新探索。G20 全球治理方式的转型对提升其责任担当的能力和构建公平国际秩序的号召力和影响力具有积极的意义。

首先，G20 开始重视内部调整的问题。长期以来，G20 的议题基本上都是把重点放在加快国际金融体制改革和恢复全球经济增长方面，对如何完善 G20 本身的合作和机制建设很少涉及。结构性问题的显现使身处全球治理转型期的 G20 也开始注重自身的结构调整，经过多次峰会达成基本共识的结构性改革可以进一步释放 G20 的能动性和创造性，G20 体制机制的改革完善也可以更加灵活应对国际环境的变化。

其次，G20 更加注重加强合作。随着全球性风险和问题的增加，加强国家合作合力解决困难显得更加重要，新兴发展中国家的崛起也迫切要求推动变革全球治理体制中不公正、不合理的安排。以中国为代表的发展中国家提出的弘扬共商共建共享的全球治理理念和打造人类命运共同体等主张得到了世界的认可和推崇，这也表明了发达国家开始放低姿态，突破狭隘的国家主义的束缚，从全球主义的视角来看待与发展中国家的合作，有利于弘扬 G20 的合作精神，也无形中促进全球更加包容平衡发展。

再次，G20 全球治理能力得到提升。经历了应对金融危机实践的 G20 在推进国际金融体制改革方面已经积累了一定的经验，但 G20 全球治理转型期充斥着恐怖主义、难民问题、环境危机、孤立主义等前所未有的新问题，G20 既要处理内部的结构性问题，又要应对外部的全球性问题，这虽然会增大 G20 转型的压力，但也会增强 G20 对全球环境的适应力，不断积累经验，在未来全球治理的责任担当中更加得心应手。

最后，G20 创新力被激发。应对外在问题和内在结构调整的双重压力，以及全球问题解决的紧迫性，都对 G20 全球治理转型提出了较高的要求，也倒逼 G20 构建新的全球治理方式要从根本上不同于传统的治理方式。这将极大激发 G20 的创新力，使其更加深刻地思考如何从传统的治理方式中解放出来，形成更加高效的治理机制，不仅更有效地承担全球责任，而且在发达国家与发展中国家之间共处更加平衡，成为真正的"命运共同体"。

G20 全球治理转型期的态度和行动直接决定着这一过渡时期的平稳性以及未来 G20 全球治理的走向，是更加胜任全球责任担当？还是走向一般化？G20 在转型期还要特别注重处理两个方面的关系：一是传承与创新的关系。每一届新的峰会召开既要面向国际新形势设置新议题，又要承前启后，确保 G20 历届峰会形成的共识和统一行动的连续性。当前，确保经济稳定性和改善可持续性是全球治理的一项长期任务，围绕创新增长和结构改革进一步制定新的举措，加快落实 2030 年可持续发展议程，帮助发展中国家尤其是非洲国家摆脱贫困形成新的共识，推进 G20 全球治理不断深入。二是普通问题与核心问题的关系。全球治理面临的问题很多，有些是长期存在的问题，如地区间冲突、宗教矛盾、金融秩序、人口问题等，长期性问题是常规性的问题，其解决只能循序渐进。有些问题是当前急需解决的核心问题，如移民与难民问题、有效的气候和环境政策、《2030 年可持续发展议程》的实施、数字化时代的全球性挑战等。因此，要根据全球性问题的轻重缓急，合理安排，首先集中力量解决关键性问题。

四、面向责任与公平的全球治理中 G20 的角色塑造和中国的角色定位

在全球治理中，责任担当与公平国际秩序构建是一脉相承的，构建公平的国际秩序本身是全球治理的责任所在，是化解国际矛盾的根本之处；另外，国际秩序越公平，G20 全球治理的措施和手段也能在更大的范围中落实。当前，G20 已经被默认是全球治理中最有影响力的组织，G20 为全球经济发展所做的努力和贡献也深得各个国家和地区的信任，为了更有效地做好这一角色，G20 应不断创新，完善体制，灵活应对全球环境的变化。

（一）全球治理中 G20 的角色塑造

1. 创新驱动，深入推进开展结构性改革

结构性改革是引领全球经济彻底走出困境的根本之策，也是中长期全球经济增长的动力之源，使 G20 在全球责任承担和公平国际秩序构建中更加灵活应对，成为全球创新的引领者和实践者，更加充满创新活力。2016 年，G20 杭州峰会已经形成了结构性改革的共识，制定了结构性改革路线图，确定了促进贸易和投资开放、推进劳动力市场改革、鼓励创新、改善营商环境、推动基础设施建设、强化和完善金融体系等 9 大优先领域以及 48 条指导原则，还利用一套共同指标评估 G20 整体在优先领域的改革情况。应切实落实杭州行动计划，深入开展 G20 联合创新和全面创新，把改革议程纳入强劲、可持续、平衡增长框架下，使短期政策与中长期政策相统一，供给侧与需求侧相统一，促进不同国家和不同领域政策的协调，G20 真正成为一个敢于担当责任且能胜任的可信赖的组织。

2. 未雨绸缪，增强全球风险防范意识

全球经济的低迷增长使经济系统积累的风险难以释放，金融市场的波动可能引发更多的"黑天鹅"事件。国际政治、经济秩序的不公平和不平衡、宗教极端主义、种族冲突等引发的恐怖主义、难民危机等暗藏着各种可能的极端事件。工业文明和生态文明在不同发展水平的国家表现出不同的矛盾，环境污染的传导性和生态环境保护的协作性都要求加强对全球环境风险的防范。G20 应增强风险防范意识，从事后治理转向事前监测，如充分发挥 T20 的智库作用，对国际金融市场进行实时监控，继续推动国际金融机构份额和治理结构改革，维护金融市场的稳定和安全；携手共同应对生态环境问题，严格遵守环境约定和标准；加强对政治风险的监控，面向全球开展风险预警。此外，还应提高 G20 的法律约束力，确保各国行为的自

觉性和约束性。

3. 恪尽职守，强化承担全球治理责任主动性

G20 作为非正式的国际机制，其达成的共识和协定不具有法律约束力，加拿大多伦多大学 G20 研究中心开展关于 G20 承诺遵守状况的研究结果表明，G20 成员的遵约情况正不断改善，但与预定的期望仍有一段距离。习近平在 G20 杭州峰会上也倡议"让 G20 成为行动队，而不是清谈馆。"可见，G20 应增强全球治理责任的主动性，确保各项共识和协定能转化为实际行动。可以在 G20 内部形成约束机制，对不遵守约定的国家实施经济方面的制裁；制定明确的职责，把各国的履约情况纳入国际信用评级的体系内；还可以实施一些激励机制提高各国履约的积极性。此外，还要协调好 G20 同其他全球治理机制的关系，尤其是在原则、理念、价值观上与联合国对接，提升 G20 在全球环境治理中的经济地位和政治地位，提高 G20 主动承担全球治理责任的主动性。

4. 长谋远略，落实 2030 联合国可持续发展议程

G20 不仅要着眼于眼前面临的全球经济问题，积极推进结构性改革，而且要着眼于长期的可持续发展，落实 2030 联合国可持续发展议程。2030 可持续发展议程同时适用于发达国家与发展中国家，最终目标是要在全球范围内消除极端贫困，战胜不平等和不公正以及遏制气候变化，这也是构建公平国际秩序的目标。G20 在落实这一目标上具有天然的义务和责任，是作为重要的国际组织对全球责任承担的示范和树立起全球权威的重要机遇。G20 应该扮演着引领性的角色，围绕着这一目标制定相应的议题并达成共识，为南北合作和南南合作提供有效的对话平台，建立起引领型的全球伙伴关系。G20 要着眼于自己的主要任务和目标，建立落实可持续发展议程的计划和实施步骤，要发挥自己的影响力，广泛动员国际上的力量，为落实 2030 年可持续发展议程提供政治意愿、发展融资、社会参与等方面的支持。

5. 豁达包容，促进国家间合作关系协调平衡

历届 G20 领导人峰会的议题具有共同性，主要是围绕着经济增长与发展、全球治理、贸易与投资等，只不过侧重点和采取的措施不同。这些议题涉及的是全球性问题，没有哪个经济体能独立完成，需要各国加强经济政策的协调，合力推动改革，保障各国政策间的互联互通，才能有效地应对负面影响和冲击。因此，G20 应当扮演着包容者角色，既包括各国相互之间制度和政策的包容，建立健全宏观经济政策协调机制，为全球经济发展提供稳定的环境；又包括经济上的包容，强化经济领域的务实合作，特别是发达国家对发展中国家的支持和援助，反对贸易保护主义和投资保护主义，推动贸易投资自由化和便利化。G20 的包容性会形成正向合力，并向全球传递正面的溢出效应，携手共建人类命运共同体。

（二）G20 参与全球治理中中国的角色定位

2008 年金融危机爆发后，中国经济的出色表现令世界刮目相看，也向世人展示了中国 30 年来改革开放的成果，中国在国际经济舞台上开始发挥越来越举足轻重的作用，同时也积极谋求国际地位和国际话语权的提升。近年来，亚投行、"一带一路"、金砖银行等区域经济合作成果的推进，为中国进一步参加全球治理积累了经验，中国所倡导的"共商、共建、共享"、"和平发展、合作共赢"等全球治理理念逐渐得到了国际的认可。G20 杭州峰会更是给中国融入全球治理提供了重要的机遇，中国创新性地提出了包括加强宏观政策协调、创新增长方式、更高效的全球经济金融治理、强劲的国际贸易和投资、包容和联动式发展等议题，为加强全球治理提出了中国方案，也展示了作为负责任大国的使命担当。在 G20 框架下，中国正从积极的参与者角色向积极的协调者和引导者的角色转变，努力地推进全球治理机制变革，推进公平的国际经济秩序的构建，向世界传递"中国理念"和"中国智慧"。在未来 G20 全球治理中，中国要努力做好以下角色：

1. 做全球治理机制改革的创新者

中国坚持共商共建共享原则，深入推进"一带一路"建设，推动各方加强规划和战略对接，深化上海合作组织合作，加强亚信、东亚峰会、东盟地区论坛等相互协调，中国在全球治理机制改革上先行先试，提出了创新性的理念并实践，为 G20 全球治理体系改革做出了示范和积累了经验。中国将继续发挥着创新者的角色，努力推动国内的结构性改革，对"先改什么、后改什么"做出结构性安排，保证改革的平稳推进，通过试验和创新使国内的体制机制与国际规则接轨，从制度的合法参与到主动参与国际规则建设，为完善国际治理体系总结更多的"中国方案"。

2. 做全球公平秩序构建的支持者

在中国的倡导和推动下，包容、协调、反贫困等理念逐渐得到了整个社会的认可，为了能更好地共享创新发展的新机遇，分享全球化的新红利，中国坚定地支持和推动公平国际秩序的构建。在理论上，中国从经济发展新常态的判断到供给侧结构性改革理论，为中国参与全球治理和推动国际秩序变革奠定了学理基础，中国的理论自信和道路自信为中国的国际影响力提供了理论支撑和信心支持。在实践上，中国积极推动国际货币体系的改革和政策工具组合的改变，以制度创新者和规范供给者的角色推动全球治理，为发展中国家地位的提升进行了努力呼吁。

3. 做全球治理体系的包容者

中国一直致力于构建人类命运共同体，坚持包容性发展应对全球化的困境，推动全球治理改革以建立全世界发达国家、发展中国家、新兴市场之间平衡的、互利共赢的关系。在 G20 框架下，中国重点推进全球治理结构和全球金融结构的改革，致力于建立一个广泛参与、更加平衡的国际货币体系和全球金融体系。中国坚持推进区域开放和多边开放，推动开放型经济的发展，一方面，加快自贸区的建设，使国内的体制能更加适应国际市场的规则；另一方面，通过"一带一路"战略等，帮助不发达国家推进改革，使不发达国家能更多地分享全球化红利。

4. 做全球发展程度不同国家的联动者

在全球经济持续低迷的背景下，中国作为世界第二大经济体的身份用于承担全球经济增长的责任，在全球治理和公平国际秩序构建中发挥重要的联动者和协调者的作用。包括充当不同发展水平国家的纽带，通过国际性会议和论坛呼吁发达国家加强对不发达国家的援助，促成不同国家之间的合作；积极推进全球治理的改革，加强各国经济政策的协调，反对贸易保护主义，促进各国经济的互联互通；通过举办各种投洽会、博览会等为各国企业搭建广泛的合作平台；致力于和平解决国际争端，营造良好的国际经济环境。中国在推动全球经济联动中提升全球经济的活力和开拓全球经济合作的新空间。

第三部分

G20 框架下加强全球投资治理政策合作与协调研究

本部分回顾了全球投资治理的制度变迁，分析了全球投资治理发展的新趋势和新特征。对 G20 国家投资治理进行改革评价，提出了 G20 框架下加强全球投资治理政策合作与协调的基本思路以及中国参与全球投资治理改革的路径选择。

一、全球投资治理的理论探析

通过回顾"二战"以来全球投资治理的发展进程，梳理全球投资治理的制度变迁，分析全球投资治理发展新趋势。从投资准入、投资争端调整、强调竞争中立等方面分析全球投资治理所呈现出的新特征，为研究 G20 框架下加强全球投资政策合作与协调的基本路径提供理论支撑。

（一）全球投资治理的制度变迁

"二战"以来，围绕着投资保护与投资自由化的分歧，发达国家与发展中国家在双边、区域和多边层次就投资规则的目的、结构和具体内容进行反复的博弈和谈判，经过 70 多年的发展演变，全球投资治理逐步形成了一个缺乏综合性全球多边投资协定，以双边投资协定为主体的双边、区域和多边协定共存的投资规则体系。[①] 本部分主要在回顾"二战"以来全球投资治理的发展进程的基础上，将全球投资治理的发展历程划分为三个主要阶段，即全球投资治理制度探索期（"二战"后至 20 世纪 70 年代）、全球投资治理制度快速发展期（20 世纪 70 年代至 90 年代）和全球投资治理制度深刻调整期（20 世纪 90 年代至今），并进行梳理分析。

---

① 李玉梅、桑百川：《国际投资规则比较，趋势与中国对策》，载于《经济社会体制比较》2014 年第 1 期，第 176 ~ 188 页。

1. 全球投资治理制度探索期："二战"后至 20 世纪 70 年代

第二次世界大战结束后，随着国际经济的恢复与发展，国际社会也开始积极酝酿促进各国直接投资持续发展的路径，为建立一个全面的多边投资规则进行了不懈努力。这一时期全球投资治理主要以探索建立多边协定为主，并开始出现双边投资谈判，投资规则制定处于摸索期，发展进程较为缓慢。

为解决贸易保护问题，促进国际贸易投资自由化，1947 年，在哈瓦那国际贸易组织大宪章的贸易条款的基础上，美、英、法等 23 国签订了《关税与贸易总协定》（简称 GATT），《关税与贸易总协定》将投资条款的内容纳入协定的范围中。但因其无法达到 GATT 规定的生效条件，只能一直通过《临时适用议定书》的形式产生临时适用的效力。为进一步解决外国投资者与东道国之间投资争议问题，1965 年，世界银行通过了《解决国家和他国国民间投资争议的公约》，为解决投资争端提供了一个全面且便利的框架。

由于发达国家与发展中国家在国际投资方面的分歧过大，难以达成共识，多边投资协定谈判与发展举步维艰。许多发达国家开始尝试通过双边谈判来解决投资争端。1959 年，德国与巴基斯坦签署了全球第一个双边投资保护协定，该投资规则兼顾发展中国家和发达国家两方利益诉求，采取"准入后国民待遇加正面清单"模式解决外资准入问题，并赋予东道国更多外资管辖权；同时也充分考虑发达国家的利益诉求，强调资本输入国要加大对外资的保护，并允许资本输出国可自由转移其投资本金和利润。20 世纪 70 年代初期，英国、法国等西欧国家纷纷效仿德国，缔结双边投资保护协定。欧洲这些国家对外专门缔结的双边投资条约（BIT），逐步形成了欧式 BIT 范本。[①]

---

① 聂平乡：《国际投资规则的演变及趋势》，载于《国际经济合作》2014 年第 7 期，第 16~20 页。

2. 全球投资治理制度快速发展期：20 世纪 70 ~ 90 年代

20 世纪 70 年代以来，随着经济全球化的快速发展，各类双边与多边投资协定得到蓬勃发展，与此同时，多边投资的弊端逐步显现，难以形成综合性全球多边投资协定，双边投资协定逐步占据主流地位，区域投资协定作为多边投资协定的补充和过渡形式开始兴起和发展。

在多边投资协定发展方面，随着经济全球化的快速发展带来国际投资环境的深层次变化，多边和国际性商业组织继续致力于构建全球统一的跨国投资者行为准则，但最终既没能构建一个肩负全球投资体系管理职能的机构，也没能制定出一套国际通用的投资行为准则。例如，由联合国经社理事会发起的《跨国公司行为准则》多边谈判历时二十余年，最终以彻底失败告终。在此期间，国际社会仅仅形成一些不具约束力的多边投资指南和宣言。20 世纪 80 年代，国际多边投资谈判由规范直接投资者行为转向规范政府对国际投资者的待遇标准。期间，世界银行通过了《多边投资担保机构公约》，在世贸组织框架内达成《与贸易有关的投资措施协定》等与建立全球投资机制有关的谈判，但这些协定仅仅是针对投资领域某一专门议题，均不是一般性、全方面处理投资问题的多边协定。①

在双边投资协定发展方面，本阶段双边投资协定得到快速发展。从 20 世纪 60 年代兴起的以德国为代表的欧式 BIT，到 20 世纪 70 年代末期美式双边投资协定（美式 BIT）开始取代欧式 BIT，成为双边投资协定的主流模式。在这一时期，随着美国对外投资逐渐增加，美国迫切希望建立起以自身为主导的投资协定来保护本国资本投资，并借此构建国际投资规则。1977 ~ 1981 年，美国国务院和美国贸易代表共同完成"双边投资协定范本"，并将其作为与其他国家进行投资协定谈判的标准范本。1982 年，美国与巴拿马签订了第一个双边投资协定。此后美国不断完善双边投资协定范本，并与更多国家进行签署。双边投资协定谈判一般只涉及资本输出国与资本输入国，

---

① 黄茂兴等：《TPP 的中国策：全球化新时代中国自贸区突围之路》，北京大学出版社 2016 年版。

谈判内容针对性强，并可依据自身具体国情灵活设定和调整谈判内容，较易达成一致意见，因此得到快速发展，而美式 BIT 与欧式 BIT 相比又具有高水平的投资准入自由化和高标准的投资保护程度的特点。

区域投资协定作为多边投资协定的补充和过渡形式在这期间开始兴起和发展，力图突破多边投资自由化的困境。区域投资协定指国际经济组织旨在协调成员国之间的投资活动而签订的区域性或者诸边协议。① 这个时期的主要代表是欧洲共同体的形成与发展。欧洲共同体是由欧洲煤钢共同体、欧洲原子能共同体和欧洲经济共同体发展而来，在投资领域，《欧洲共同体条约》规定共同体国家之间的外资投资进入是完全自由的，缔约国在准入权和资本自由移动方面承担的义务的范围是最广的。随着欧共体的建立，欧洲经济驶上发展快车道，西欧国家国际地位上升，20 世纪 70 年代资本主义世界出现三足鼎立的局面，世界经济政治格局朝多极化全球化方向发展。

3. 全球投资治理制度深刻调整期：20 世纪 90 年代至今

20 世纪 90 年代，随着世界贸易组织的成立，全球经济贸易一体化进程进一步加快。这期间，全球投资治理制度处于深刻调整期，国际投资规则逐步形成了一个缺乏综合性全球多边投资协定，以双边投资协定为主体的双边、区域和多边协定共存的投资规则体系。

在多边投资协定发展方面，20 世纪 90 年代以来，经济合作与发展组织、世界银行、世贸组织继续致力于建设国际投资体制，1995 年 9 月，经济合作与发展组织启动多边投资协定（MAI）谈判，试图建立起独立的国际直接投资管理机制，从而促进全球直接投资的自由流动，但由于各国在许多投资规则的实质性问题上仍存在严重利益分歧，多边投资协定最终以失败告终。2001 年 11 月，世界贸易组织启动首轮多边贸易谈判，即"多哈发展议程"，但也未能真正开启多边投资规则的谈判进程。在此之后，新兴经济体崛起，主要经济体力量对比发生重大变化，发展中国家逐渐成为主要的资本

---

① 黄茂兴等：《TPP 的中国策：全球化新时代中国自贸区突围之路》，北京大学出版社 2016 年版。

输入国和重要的资本输出国，加之2008年金融危机影响，欧美等发达国家全球地位下降，各成员至今未能弥补当年失去的机会。2013年12月巴厘部长级会议虽然在三个领域达成协议（"巴厘一揽子协议"，BaliPackage），但成果内容有限。

由于多边投资协定谈判的受挫，区域投资协定作为多边投资协定的补充和过渡形式，在这一期间得到蓬勃发展。具有代表性的区域投资协定包括美国、加拿大、墨西哥在1992年签订的《北美自由贸易协定》中第11章关于投资的规定，2009年东盟各国签署的《东盟全面投资协定》等，其他涉及投资议题的区域投资协定还包括拉美地区的《安第斯共同体第291号决定》、非洲地区的《东非和南部非洲共同体条约》等。此外，我国也积极参与到区域投资协定签署中，2009年8月，我国与东盟10国签订中国—东盟自由贸易区《投资协定》，2012年5月与日本、韩国签署了《中日韩投资协定》。与双边投资协定相比，区域投资协定涵盖的范围更广。其在谈判过程中可以吸引意愿相同的国家和地区组成谈判团体，区域内各国之间缔结投资协议相对容易，但由于许多国家同时是数个投资协议的谈判者，而不同投资协议中规定了不同的标准和规则，导致了"意大利面条碗"效应[①]和规则的碎片化，进而导致了区域投资规则之间的冲突，增加了全球投资监管的复杂性和提高了各国的规制成本。

在区域投资协定快速发展的同时，双边投资协定也得到稳步发展。美国继续完善BIT范本，1994年形成的BIT范本参与了一系列自由贸易协定和双边投资协定的谈判；在取得一系列谈判成果后，美国又构建了2004年版的BIT范本，并在此基础上制定了美韩自由贸易协定；在奥巴马政府时期，美国紧接着又形成了2012年版的BIT范本，以此引导跨太平洋伙伴关系协定（TPP）和跨大西洋贸易投资伙伴关系协议（TTIP）的谈判。[②]

---

① 指在双边自由贸易协定（FTA）和区域贸易协定（RTA），统称特惠贸易协议下，各个协议的不同的优惠待遇和原产地规则。原产地规则就像碗里的意大利面条，一根根地绞在一起，剪不断，理还乱。这种现象贸易专家们称为"意大利面条碗"现象或效应。

② 朱颖、罗英：《美国式国际投资规则的影响及我国的应对》，载于《经济纵横》2015年第9期，第112~116页。

（二）全球投资治理的新趋势

面对国际投资活动的新发展，世界各国重新考虑各自在国际投资规则中的立场和诉求，谋求平衡跨国公司享有的待遇和东道国政府的监管权力，规避陷入国际投资争端，国际投资规则在演变中呈现出新的趋向。

1. 西方国家谋求主导全球投资规则

一是发达国家推动全球投资自由化趋势明显。奥巴马政府时期（2009～2016年），为在新一轮经济全球化中掌握主导权，美国采取了两条腿走路的策略：一方面，力图通过跨太平洋伙伴关系协定（TPP）与跨大西洋贸易和投资伙伴协定（TTIP），推动现有的WTO规则体系的升级；另一方面，通过签署双边投资协定，主导国际投资规则安排。在修订2004年发布的双边投资协定文本的基础上，美国于2012年4月发布了最新的双边投资协定范本，用于与其他国家进行投资协定谈判。在美国主导下，日本、欧盟等发达资本主义经济体纷纷通过建立高水平的自由贸易区，加强区域经济合作。使得美国等发达国家在新一轮经济全球化中占据先机，在世界经济结构调整和世界经济治理制度变革中掌握主动权。

二是逆全球投资自由化此起彼伏。随着2017年1月美国总统特朗普宣布美国正式退出跨太平洋伙伴关系协定（TPP），英国脱欧使得反全球化浪潮再度兴起，投资领域出现了逆全球化的趋势。在西欧，民粹主义已渗透到法国、希腊等国，进一步扰乱了欧洲一体化进程；在美国，大选中凸显"特朗普现象"，改变着美国政坛生态，社会阶层被撕裂；在拉美地区，一些国家再度陷入"中等收入陷阱"……这些现象表明了逆全球化氛围正在逐步形成，并由经济向政治和社会领域扩散。现今，2008年金融危机已经过去9年，但全球经济复苏依然乏力，投资、贸易等跨境流动急剧减缓；贸易保护主义、民粹主义和反民情绪上升；这一切确实表明，投资全球化正在退潮。

2. 新兴经济体参与塑造新规则

面对美国在金融危机后全球经济战略的调整，中国等新兴市场国家存在被边缘化的风险，因此，以中国为首的新兴经济市场国家也积极参与到新规则的塑造当中来。2016 年 9 月杭州 G20 峰会，中国倡导提出"促进包容协调的全球价值链"，为从发展中国家视角探索基于全球价值链的新贸易规则开辟了国际舞台。不同国家在全球价值链中的地位不同，从而决定了它们在全球价值链贸易中的利益诉求和规则偏向的不同。发达国家的目标在于通过制定高标准与高质量的新规则进一步统筹全球价值链，通过资本扩张实现供应链的无缝对接，降低成本，继续保持领先竞争力。而发展中国家则在积极参与融入全球价值链的同时，期待实现产业与技术升级，增强生产能力，同时有效管控供应链风险。①

"促进包容协调的全球价值链"这一倡议引领 G20 成员国继续加强自身能力建设，积极与发展中国家尤其是低收入国家合作，引导其参与到全球价值链最相关的领域当中，并采取相关行动，诸如基础设施、技术支持、贷款、供应链连接等。此外，它还鼓励 G20 成员继续帮助发展中国家和中小企业提高采用并符合国际国内标准、技术规定和合格评定程序的能力；便利它们通过信息技术获取贸易投资相关信息；进一步提供信息帮助它们融入全球价值链并向上游攀升。该倡议旨在使发展中经济体和中小企业能够分享全球化成果，实现全球经济的均衡和普惠发展。

（三）全球投资治理新特征

随着国际投资活动的进一步发展，全球投资规则与治理机制也呈现出新的特征。总体来看，全球投资规则自由化倾向明显，主要呈现以下的特征：投资自由化与投资保护主义共存但更偏向于前者；国民待遇和负面清单模式

---

① 盛斌：《G20 杭州峰会对国际贸易投资体系发展的影响》，载于《国际贸易》2016 年第 9 期，第 43 ~ 50 页。

成为投资新模式；投资规则制定的议题中更加关注环境问题和劳工保护；投资争端解决机制和程序规则更加明细。本部分主要从三方面阐述全球投资治理的新特征：

1. 投资规则呈现新变化

一是推进"准入前国民待遇 + 负面清单"模式的投资规则。"准入前国民待遇 + 负面清单"模式的投资规则是由北美自由贸易区在1994年创立的，目前全球已有70多个国家采用了这一模式。准入前国民待遇，要求在外资进入阶段给予国民待遇，也就是说引资国应就外资进入给予外资和内资的相同的待遇。负面清单管理模式，相当于投资领域的"黑名单"，除了清单上的禁区之外，其他行业、领域均获得许可。

二是环境与劳工保护成为全球投资规则的新议题。21世纪以来，环境问题日益受到国际社会的广泛关注。因此，环境问题也成为全球投资规则谈判的新议题。新的投资规则着重强调了不得以背离环境保护法来鼓励投资，例如，2016年TPP中新增的环境议题有企业的社会责任、环境和生物的多样性、投资和气候变化等。

随着劳动者地位的逐步提高，过去的30年间，投资协定中的劳工条款数量不断增长。从《北美自由贸易协定》第一次对劳工标准作出规定，到2016年TPP中规定的各种劳工权利条款，都体现了全球投资治理对于劳动者的重视。这也意味着劳工保护会更多地出现在全球投资规则的议题中。

2. 投资争端解决机制出现新调整

常规争端解决机制（国家间争端解决机制）和投资者与国家争端解决机制（ISDS）是全球投资争端中常用的两种解决机制。而2016年TPP对于ISDS的具体内容进行了调整，包括：准据法规定有所细化、提交仲裁期限延长至3年半、合并诉讼中指定仲裁员的国籍不再限制，同时规定协定条款下发生投资争端时可由投资者自主选择争端解决方式。

此外，新规则在强调对投资保护的同时，也赋予了东道国对外资的相应管理权，扩大了发展中国家对外资监管的空间，对于保护国家安全具有重大意义。例如，为了保护东道国的国家根本利益，强调"根本安全利益例外条款"，避免了东道国在应对突发事件时，因担心违背国际投资协定的相关条款而面对投资争端不敢实施行动。

3. 强调竞争中立规则

澳大利亚是最早明确提出竞争中立的国家。所谓的竞争中立是指，不受外来因素干扰的市场竞争，其主要目的在于重新规划现存国际经济制度，保证在国企和民企公平竞争。OECD 是最早推动竞争中立研究的国际性组织。OECD 认为竞争中立政策旨在提供一种更为公平的竞争环境，在竞争中立的框架下需要重新审视现有的法律和行政法规，使国有企业的运营环境尽量与私人企业相同。同时竞争中立政策还要求提高透明度，即政府有义务披露其国有企业的运作成本。

近年来，美国积极在各种国际组织中推广"竞争中立"，试图在双边、多边贸易投资协定中加入有关限制国有企业竞争优势的条款。目前，竞争中立规则已经引起了广泛关注，运用"竞争中立"规则来规范和约束国有企业的竞争行为，已成为许多国家的投资规则。从未来的趋势看，"竞争中立"规则极有可能成为新的贸易投资保护措施。

二、G20 框架下全球投资治理改革评价

投资历来是促进经济增长的"三驾马车"之一。G20 成员占全球经济总量的90%，占贸易总量的80%，占全球对外投资总量的80%，占吸引外资总量的70%，因此，G20 关注贸易投资议题是大势所趋，其本身有推动全球投资治理的动力，也理应担负起全球投资治理的重要职责。总体来看，G20 对全球投资治理改革做出了积极的贡献，取得了值得肯定的成果。

（一）G20 是全球投资治理改革的重要推动者

G20 成立于 1999 年，最初为财长和央行行长会议机制，2008 年全球金融危机爆发之后，升格为 G20 领导人峰会机制，并且从应对金融危机的临时平台转变为经济治理的长期机制，在应对金融危机、推进全球经济治理过程中发挥了重要的作用。作为当前"国际经济合作的首要论坛"，G20 在成立之初就确定了"促进全球经济稳定和持续增长"的目标，而加强全球投资治理是实现这一目标的重要途径。没有投资，就没有增长。因此，加强国际投资政策合作与协调，反对保护主义，推进全球贸易和投资便利化一直是 G20 关注的重要议题。全球投资与贸易关系密切，投资政策与贸易政策往往要协同考虑。2008 年 11 月在美国华盛顿举办的首次峰会就提出："开放的贸易和投资……对经济增长和繁荣是必须的"，"在金融不稳定时期反对保护主义至关重要……将反对抬高投资或货物及服务贸易新壁垒"。2009 年 4 月英国伦敦的第二次峰会进一步强调要"反对保护主义，促进全球贸易和投资"，承诺"将采取一切力所能及的行动来促进和推动贸易及投资"。这些共识对促进全球投资发展、提高投资框架的透明度和稳定性产生了积极的影响。根据联合国贸发会议的报告，G20 成员国在 2008 年 10 月至 2009 年 6 月共签署了 27 个双边投资协定，36 个避免双重征税协定以及 11 个其他国际投资协定。[①] 此后，历次峰会也都重视对国际投资政策的协调，倡导推动国际投资合作，践行"反对投资保护主义"承诺，降低国际投资障碍。2016 年 G20 杭州峰会通过的《G20 全球投资指导原则》，成为全球投资治理改革的突破性成果，对于加强国际投资政策合作与协调具有重大的意义。应该指出，G20 关于全球投资治理的倡议往往被贸易、基础设施以及增长战略等议题和内容所涵盖。[②] 表 3-1 列出了历次 G20 峰会的主要

---

① 刘国远：《二十国集团投资政策趋势总体令人满意》，载于《国际商报》2009 年 7 月 11 日。
② 韩冰：《二十国集团在国际投资领域的合作与前景展望》，载于《国际经济评论》2016 年第 4 期。

议题和相关内容。

表 3-1   历次 G20 峰会的主要议题和相关内容

次数	时间	地点	主要议题和相关内容
第一次	2008 年 11 月 15 日	美国华盛顿	交流应对金融危机的进展；讨论金融危机的根源；就应对世界面临的金融和经济问题达成行动计划；强调金融领域监管和金融体系改革；强调贸易与投资开放等
第二次	2009 年 4 月 2 日	英国伦敦	进一步探讨金融监管、金融改革；反对保护主义，促进全球贸易与投资等
第三次	2009 年 9 月 24 日	美国匹兹堡	加强宏观经济政策协调，推进国际金融机构结构改革，反对贸易与投资保护主义等
第四次	2010 年 6 月 26 日	加拿大多伦多	全球经济可持续复苏、全球金融监管改革、国际金融机构改革、反对贸易保护主义等
第五次	2010 年 11 月 11 日	韩国首尔	汇率、全球金融安全网、国际金融组织改革和发展等
第六次	2011 年 11 月 3 日	法国戛纳	讨论世界经济形势、"强劲、可持续和平衡增长框架"、国际货币体系改革、贸易和金融监管等问题
第七次	2012 年 6 月 18 日	墨西哥洛斯卡沃斯	讨论世界经济形势、加强国际金融体系和就业、发展、贸易等，坚定承诺开放贸易和投资，对贸易和投资措施进行监督，增加基础设施投资
第八次	2013 年 9 月 5 日	俄罗斯圣彼得堡	聚焦促进经济增长和创造就业岗位两大主题；强调确保对基础设施和中小企业进行长期投资
第九次	2014 年 11 月 15 日	澳大利亚布里斯班	促进私营企业成长，增加全球经济抗冲击性和巩固全球体系；在金融监管改革、加强能源合作、反对贸易保护主义等方面达成共识
第十次	2015 年 11 月 15 日	土耳其安塔利亚	围绕"包容、落实、投资"三大要素，具体讨论世界经济形势、包容性增长、推动贸易和投资等议题
第十一次	2016 年 9 月 4 日	中国杭州	构建创新、活力、联动、包容的世界经济；继续努力建设开放型世界经济，反对保护主义，促进全球贸易和投资；核准《G20 全球投资指导原则》

（二）《G20全球投资指导原则》成为全球投资政策协调的重要指南

相比国际贸易，国际投资规模更大、周期更长、涉及利益方更广、对经济影响更为直接，因此有效协调国际投资政策显得更加重要。"二战"之后，尤其是20世纪90年代以来，国际社会就已经在积极探索构建一个全球性的多边投资协定，但均宣告失败。目前真正具有约束性的几个与多边投资规则相关的公约或协定，如世界银行框架下的《解决国家与他国国民间投资争议公约》、WTO框架下的《与贸易有关的投资措施协定》、《服务贸易总协定》等，涉及的面较窄，均不是全球性、综合性的多边投资治理框架。尽管G20一直以来重视推进全球投资治理，强调要加强国际投资政策合作与协调，但实际效果也不太显著。最初的几次峰会主要是应对全球金融危机带来的挑战，各国较好地协调了宏观经济和财政货币政策，促进了全球投资与开放，为避免世界经济进一步下滑、促进全球经济复苏发挥了举足轻重的作用。但随着全球经济的缓慢复苏和G20峰会讨论议题的不断扩大，各国之间的分歧逐渐凸显出来，合作意愿和积极性有所下降，在一些重要议题上难以取得实质性突破，其中包括全球投资治理领域。如2015年G20土耳其峰会在投资议题实现方面的"受挫"就说明了这一问题。[①] 在此背景下，2016年G20中国杭州峰会致力于改善全球投资治理，加强全球投资治理机制化建设，首创了G20贸易投资工作组，并且发布了首份《G20全球投资指导原则》，促进全球投资便利化和全球投资政策协调。习近平主席在杭州峰会闭幕演讲中高度评价了《G20全球投资指导原则》，指出"这是全球首个多边投资规则框架，填补了国际投资领域的空白"，是杭州峰会在投资领

---

① 土耳其峰会最初的议题设置是"共同行动以实现包容和稳健增长"，其核心是三个"I"，即包容性增长（Inclusive）、落实（Implementation）"全面增长战略"、投资（Investment）。但实际上，重心都放在了第一个"I"即包容性增长上，且峰会最后的议程上又演变成了五个环节："发展与气候变化"、"包容性增长"、"反恐与难民危机"、"增强抗风险能力"、"中国峰会构想"，"投资"议题严重"受挫"。

域的最重要成果，对 G20 从危机应对机制向长效治理机制的转型也具有里程碑式的意义。《G20 全球投资指导原则》可以概括为反对投资保护主义、设置开放和非歧视投资条件、为投资者和投资提供保护、保证投资政策透明度、符合可持续发展和包容性增长目标、主张政府对投资的监管权、投资促进及便利化、强调企业社会责任及公司治理、推动国际投资合作等九项原则。这一文件是 G20 成员国经过十多轮艰苦谈判达成的重要成果，涵盖了未来国际投资体制核心要素，将成为全球投资政策协调的重要指南。尽管建立一个开放、透明、有利于全球投资的政策环境是 G20 各成员国的共同希望，但由于各国的战略侧重点和利益关切点不尽相同，对于建立怎样的国际投资体制，各国的立场存在较大的差异。最终，《G20 全球投资指导原则》既满足了发达国家要求的高标准的投资保护、投资自由化及透明度，又兼顾了发展中国家寻求的"发展政策空间"最大化，虽然这一文件只是"非约束性"的"原则性宣示"，但终究确立了全球投资规则的总体框架。因此，《G20 全球投资指导原则》代表了全球投资领域最前沿的理念，有助于遏制全球投资规则的碎片化趋势，为全球多边投资确定了发展方向，也为促进全球投资合作提供了长远的制度性引领。同时，这一文件作为 G20 全球投资治理的重要成果，有助于大幅提升投资议题在 G20 中的地位和影响，丰富G20 作为全球经济治理平台的内容。

（三）G20 推动全球投资更加开放和自由

自 2008 年首次 G20 峰会在华盛顿召开以来，G20 就致力于抵制各种形式的保护主义，在历次峰会中一直重申这一承诺，并号召世界贸易组织、经合组织和联合国贸发会议监督和公开报告 G20 各成员的贸易和投资政策措施，对推动全球投资更加开放和自由产生了积极的作用。从 2009 年 9 月开始，OECD 与 UNCTAD 就联合发布《G20 投资措施报告》（Report on G20 Investment Measures）[①]，截至 2016 年 11 月，该报告已连续发布 16 次。

---

① 前两次报告由 WTO、OECD 与 UNCTAD 联合发布。

根据 2016 年 6 月发布的《G20 投资措施报告》显示，自投资政策监督实施以来，G20 各成员国采取的投资政策和措施几乎都强调增加投资开放度，针对外国直接投资的具体措施有 80% 以上是促使投资更加自由化和便利化。[①] 2016 年 11 月发布的最近一次的《G20 投资措施报告》指出，G20 成员国的投资政策措施的总体方向仍然是牢牢面向进一步自由化和放松国际资本流动的条件，尤其强调了《G20 全球投资指导原则》要求开放、透明和有利于全球投资政策环境的重要意义。但是，还应该看到，在 G20 成员国的许多领域，对国际投资的多种限制仍然存在，包括一些明确的规定和不明确的自由裁量政策。为了更好地践行 G20 在构建开放型世界经济、反对保护主义和促进全球投资等方面的承诺，审查是否可以进一步减少对外国投资的限制仍然是 G20 各成员国政府的首要任务。[②] 2016 年设立的二十国集团贸易投资工作组和批准的《二十国集团贸易投资工作组工作职责》，能够及时交流更新各方对投资政策协调工作的关注和态度，也有助于 G20 机制能够持续关注全球投资的发展，解决全球投资面临的瓶颈，引领投资方向。总体来看，G20 各成员国基本践行了反对投资保护主义的承诺，在投资领域采取比较一致的政策立场，促进了全球投资合作与政策协调。

（四）发展中国家在全球投资治理改革中的作用日益突出

一直以来，美国和西方发达国家作为资本的输出国，主导着全球投资规则的制定。随着发展中国家和新兴经济体在全球投资格局中的崛起，发达国家的主导地位受到严峻挑战，能否协调好发达国家和发展中国家的利益关系成为全球投资治理能否达成共识的关键。总体上看，G20 机制的建立使得发达国家和发展中国家能够平等协商全球经济治理问题，因此，建立该机制本身就是中国等发展中大国在全球经济治理中话语权提升的标志。尽管在 G20

---

① OECD、UNCTAD：Fifteenth Report on G20 Investment Measures，21 Jun 2016，http：//www. oecd. org/daf/inv/investment－policy/15th－Investment－Report－on－G20－Investment－Measures. pdf。

② OECD、UNCTAD：Sixteenth Report on G20 Investment Measures，10 Nov 2016，http：// unctad. org/en/PublicationsLibrary/unctad_oecd2016d16_en. pdf。

峰会中，以美国为首的发达国家在很多议题上仍然具有主导权，但新兴经济体的话语权也明显提升。发展中国家是 G20 的重要组成部分，对世界经济增长的贡献已超过发达国家，也切实需要在全球投资治理改革中发挥更大的作用。随着 G20 机制的不断完善，新兴市场国家和发展中国家在 G20 中的代表性和发言权不断增加，2016 年 G20 杭州峰会与会和列席的发展中国家数量创 G20 峰会纪录，更多的发展中国家参与到全球投资治理的大平台中。《G20 全球投资指导原则》考虑了发展中国家寻求"发展政策空间"最大化的诉求，这是发展中国家在全球投资治理中积极主动"发声"的结果。而中国尤其是发展中国家的重要代表，正在借助 G20 平台，发出中国声音、提出中国方案、融入中国价值，积极参与全球投资治理和规则制定，发挥引领作用，大力推进包括制定全球投资指导原则、摒弃投资保护主义、促进投资便利化、完善全球投资争端解决机制以及促进绿色投资在内的一系列全球投资治理框架的形成和落实，加强国际国内投资政策以及多边投资协定的相互协调，为全球投资治理提供新动力、做出新贡献。[①]

三、G20 框架下加强全球投资治理政策合作与协调的基本思路

（一）G20 框架下全球投资治理的机遇和挑战

1. G20 框架下全球投资治理的机遇

作为国际经济合作的首要论坛，G20 致力于推进全球投资治理改革，为完善全球投资规则做出了积极的贡献。当前，在新的国际环境下，进一步推

---

① 相均泳、邱永辉：《中国借力 G20 推进全球投资治理》，http://opinion. huanqiu. com/opinion_world/2016 - 09/9417147. html。

进全球投资治理面临着一些新的机遇。

首先，G20制定的全球投资指导原则为加强全球投资治理提供了机遇。如前所述，《G20全球投资指导原则》的制定，确立了全球投资规则的总体框架，为加强全球投资治理和协调各国投资政策提供了重要的指导，也是进一步推进全球投资治理的有利契机。虽然该原则不具有强制约束力，是一项自愿性准则，没有直接设定国际权利和义务，但一旦该原则在国际社会受到广泛认可和共同遵循之后，必将对促进全球投资治理产生重大的积极影响。

其次，全球价值链的快速发展对全球投资规则提出新的诉求，有利于"倒逼"推进全球投资治理。当前，全球价值链（GVC）已成为世界经济的一个显著特征，全球价值链的结构性变化与重构是全球经济格局深度调整的突出表现之一，将对全球投资及其治理产生深远影响。国际投资的发展为全球价值链的延伸提供重要的动力，而全球价值链的深化也迫切要求打破资源要素跨境流动的种种壁垒和障碍，建立更加开放、透明、有利于促进国际投资的政策环境，更好地实现投资自由化和便利性。因此，促进投资自由化和便利化，完善投资环境，对提升全球价值链出口能力具有非常重要的作用。世界各国为了更好地融入全球价值链，将更加积极地调整和完善投资政策，协同推进全球投资治理。有数据显示，2015年各国新出台的投资政策措施中，投资自由化和促进措施占比达到85%。[①]

再次，区域投资协定迅猛发展，引领国际投资机制的新趋势，助推全球投资治理。近年来，随着区域经济一体化的深入发展，各类区域投资协定以及包含投资条款的经贸合作协定不断涌现，成为国际投资机制发展的重点。尤其是巨型区域贸易投资协定的经济效应及其对贸易投资规则的影响已经显现，能够为多边贸易投资规则的制定提供参考。此外，在全球自由贸易协定（FTA）中，有关投资议题的覆盖率也比较高，达到40%，其中美国、日本和韩国等发达国家所参与的FTA中投资议题覆盖率高达100%。[②] 中国推动

---

①② 文洋：《在全球投资治理中实现中国价值》，载于《学习时报》2016年11月3日。

的"一带一路"战略在促进投资自由化和便利化方面也发挥着巨大的作用。三年多来，已经有 100 多个国家和国际组织积极响应，有 50 多个国家与中国签署了相关合作协议。由此可见，世界各主要经济体正在通过区域合作的方式争取与自身利益相符的投资规则，进而在国际投资规则的塑造和全球投资治理体系的构建中抢占先机，这些都是构建国际投资体制的有益探索，将为全球投资治理和政策协调奠定基础。

2. G20 框架下全球投资治理的挑战

当然，还应该看到，全球投资治理还面临着诸多挑战。

首先，全球经济复苏缓慢，国际贸易与投资增长低迷，对全球投资治理提出更高要求和更大挑战。2007 年，全球投资规模达到 2.27 万亿美元左右，受金融危机的影响，直到现在全球投资规模都没有恢复到这一水平。尽管 2015 年全球 FDI 流量达到 1.76 万亿美元，实现了同比上升 38% 的高增幅，但这一趋势并没有得到延续。由于全球经济增长疲软以及世界贸易增长乏力，2016 年全球 FDI 流量下降了 13%，约为 1.52 万亿美元。全球投资要想步入正轨恢复到 2007 年的水平之上，还需要很长的一段时间。因此，这就要求更加持续高效、更加协调有序的全球投资治理来促进国际投资合作，推动全球投资增长。

其次，"逆全球化"思潮与贸易投资保护主义在西方社会蔓延，阻碍全球投资治理进程。当前，全球范围内的民粹主义、孤立主义和保守主义的势力明显抬头，从英国公投退出欧盟到特朗普意外当选美国总统，再到欧洲右翼政治的发展，都是对以贸易和投资自由化、便利化为代表的经济全球化的挑战，无疑会对全球投资治理和政策协调产生负面影响。从根本上说，逆全球化问题的核心是全球治理机制的失灵，抵制逆全球化的关键在于构建更加合理有效的全球治理机制。从 G20 成员国来看，在反全球化浪潮的影响下，也出现了投资限制措施抬头的迹象。根据 OECD 和 UNCTAD 在 2016 年 6 月发布的报告显示，2015 年 10 月至 2016 年 5 月期间，G20 中有 8 个国家采取了专门针对 FDI 的限制措施，有 4 个国家采取了不单独针对 FDI

的限制措施。① 因此，加快推进全球投资治理，必须有效应对逆全球化和投资保护主义等因素对重塑全球投资秩序的消极影响。

再次，现行国际投资规则体系呈碎片化发展，不利于制定统一的多边投资规则。当前，对 FDI 的全球治理还处于碎片化发展阶段，现有国际投资规则体系包括双边投资条约、区域性投资条款、全球性多边投资协定以及各国的外资政策法规等四个方面，其中仅双边投资条约就有 3000 份左右（G20 成员国签订的约有 1300 份），"意大利面碗效应"突出，对于制定统一的多边投资规则是巨大的挑战。虽然当前 G20 已经通过了全球投资指导原则，为制定多边投资协定提供了方向，但是任何新的机制的产生、发展和逐渐成熟都需要一个过程，其间还可能需要与其他现有机制之间的磨合和调整。在当前缺乏进行多边投资谈判的坚定政治意愿与广泛商业基础的情况下，落实原则的进程将会十分艰难。而且还应看到，发达国家和发展中国家在投资规则制定中的根本立场仍然难以统一，"南北争端"无法根本消除，因此，短期内达成统一的多边投资协定的条件和动力不足。

（二）G20 全球投资治理政策合作与协调的基本思路

1. G20 全球投资治理体系的建构基础

传统的全球投资协定是以双边投资协定为主。所谓的双边投资协定是指资本输出国和资本输入国双方之间签订的约束双方权利和义务的专业性条款，旨在促进、鼓励和保护国际间私人投资。双边投资协定的优点在于谈判往往只涉及资本输入输出国，因此双边协定通常签订速度快，并且能兼顾双方利益，同时具有很强的针对性。但是也有其局限性，主要体现在高昂的谈判成本、难以协调的国家间投资争议以及话语权的不对等三个方面。

随着经济全球化进程的加快，为了克服双边投资协定的缺点，全球投资

---

① 盛斌：《G20 杭州峰会：开启全球贸易投资合作新时代》，载于《国际贸易》2016 年第 9 期。

治理体系逐渐从以双边投资协定为主逐步转向跨区域诸边投资协定。所谓的诸边投资协定是指在世贸组织框架下，部分成员采取自愿方式参与投资领域的谈判协定，是三个或三个以上国家签订的投资协定，可看作是多边投资协定的补充和过渡形式。相比较于双边投资协定，跨区域的诸边投资协定具有以下两大优点：一是诸边投资协定谈判的具体议题是特定的，能够突破一揽子谈判的困难，容易取得成果；二是协定涵盖的内容范围更广，能更明显反映投资贸易间的关系，并吸引意愿相同的国家进行谈判，求同存异，能较容易缔结投资符合双方利益的协议。但也正是这种注重各方意愿相同的利益联合，使得一些政治体制不够完善或者区域资源有限的发展中国家往往无法参与谈判中来，或者在谈判中处于劣势，导致区域间经济发展差距增大，这完全违背跨区域诸边投资协定的初衷①。所以当前全球投资协定形成了以跨区域诸边协定为主、双边投资协定为辅的全球投资格局。双边协定转向跨区域诸边协定将是未来建构 G20 全球投资治理的基础。

2. G20 全球投资治理政策的建构理念

传统的全球投资理念是以放任自由主义为主要指导理念。放任自由主义认为资本主义的经济秩序能够通过市场机制自行调节，政府对经济领域的问题应当实行自由放任的政策，用不着去干预经济生活，只需做好"守夜人"角色。这种理念指导下的全球投资，优点在于能给投资者带来全球交易自由，每位投资者都有权创办全球企业，有权进入某一行业，在市场机会方面是平等的，这也就能激发投资者的投资欲望。投资者通过投资获得利润，用获得的利润进行再投资以获得更多的利润。但放任自由的投资必然会因投资者的短视导致盲目无限制地扩大投资规模，投资者会因对个人利益的追求而激发盲目竞争，造成全球资源分配不均，效率和产量下降。

随着全球经济的普遍下行，逆全球化思潮的兴起，放任自由主义投资理念的弊端愈加凸显，整个世界不得不开始反思放任自由主义投资理念的缺

---

① 黄茂兴等：《TPP 的中国策：全球化新时代中国自贸区的突围之路》，北京大学出版社 2016 年版，第 64~65 页。

陷，并将目光聚焦于 20 世纪 70 年代的内嵌自由主义投资理念，希望通过重建内嵌自由主义投资理念来克服放任自由主义投资理念的缺陷。所谓的内嵌自由主义，其本质是市场利益和社会价值之间达成的一个妥协，内容是将自由主义机制根植于国内合理的社会价值和社会目标，使市场有效调节与社会均衡发展达成了妥协，通过国家和社会达成一个含蓄的交易（或者说契约）来实现共同承担自由化和全球化带来的负面效应的共识①。相比于放任自由主义投资理念而言，内嵌自由主义的投资理念更利于建立以非歧视原则为基础的多边主义国际投资新秩序，同时其又规定了保障和例外条款，有利于促进全球贸易投资的发展，并维持贸易收支平衡。但这种投资理念是建立在"权力—社会目标"模式的基础上，因而在很大程度上会受到了权力地位变化的制约②。所以在 G20 框架下的全球投资治理理念，应在把握全球投资格局的前提下对内嵌自由主义投资理念加以借鉴吸收，实现理念转变。

3. G20 全球投资治理的建构目标

可以发现，从应对金融危机开始，全球各国纷纷采取了投资保护政策，然而走出金融危机，恢复经济增长的关键在于国家的结构性改革。杭州 G20 峰会通过的《G20 全球投资政策指导原则》指出，全球投资对全球经济增长起到关键作用，政府要避免与跨境有关的投资保护。因此如果过分依赖投资保护而不进行全球投资的系统治理，不触动实体经济改革，那么这种政策终将不可持续。因此 G20 框架下建构全球投资治理体系的目标应从投资保护转向系统治理，具体有以下三个主要目标：

目标一：推动投资自由化和便利化。

《G20 全球投资政策指导原则》指出，投资促进政策在使经济效益最大化的同时，要与促进透明的便利化举措相配合以使投资者开创、经营和扩大

---

① 宋伟：《试论约翰·拉格"内嵌的自由主义"》，载于《世界经济与政治》2010 年第 5 期。

② 舒建中：《战后多边国际经济机制的演进》，载于《世界经济与政治论坛》2008 年第 1 期，第 63~66 页。

业务。目前尽管世界各国都有实施少数促进投资的政策，但在现有国际投资规则下，全球投资者仍面临诸多困难，比如投资壁垒、歧视性待遇以及不确定的政策法规，这些都容易导致全球投资的国际摩擦。此外，国家利己主义和以自我为中心解决问题的区域性投资政策仍十分普遍，各种不同规则之间都会产生国际冲突。从世界经济发展格局看，全球经济一体化是不可阻挡的趋势，全球投资领域的自由化和便利化则与全球经济一体化息息相关，因此世界各国应谋求制定一项高标准的、高度自由化和便利化的全球投资协定。

目标二：建立解决投资争端有效机制。

在全球投资过程中，国家间的投资贸易摩擦是难以避免的，因而也就容易产生投资争端。《G20 全球投资政策指导原则》指出，投资政策应为投资提供有形以及无形的法律确定性，包括有效的争端解决机制，因此在全球投资争端解决机制上应提高投资争端的解决效率。首先在实体性条款上，各国应当澄清国际投资规则诸如公平公正的待遇、最惠国待遇适用范围、间接征收等易于引起国际争端的实体性条款，减少不确定性规则内容，保证国际投资规则的一致性。在程序性条款上，增加仲裁过程的信息披露来增强投资争端仲裁的透明度。世界各国应积极寻求投资争端的解决方案来预防和避免国际投资争端，并采取多途径化解投资争端以便降低投资争端的经济和政治成本。只有通过建立有效的国际投资争端的解决机制，国际投资规则才能更有利于朝着统一、透明的方向发展①。

目标三：建构全球投资治理的价值共识。

当前全球投资治理没有建立起与之相适应的价值共识，如何在全球各民族国家文化基础上达成全球投资治理的价值共识是建构系统的全球投资治理体系的关键。这种共识应当服从于道德要求，要在全球经济范畴内建立公平正义的核心价值共识，这是道德要求的基础。《G20 全球投资政策指导原则》指出，"投资相关规定的制定应保证所有利益相关方有机会参与"，因此系统的全球投资治理体系应更具代表性和包容性，要建构多个权力中心相

---

① 桑百川：《新一轮全球投资规则变迁的应对策略——以中美投资协定谈判为视角》，载于《学术前沿》2014 年第 1 期，第 85 ~ 86 页。

互竞争模式，要协调发达国家与发展中国家在投资治理当中的利益。系统的全球的投资治理能不能够成功建构主要取决于发达国家和发展中国家是否有价值共识①。

4. G20 全球投资治理建构手段

（1）以负面清单为核心构建全球投资开放制度。

随着全球经济格局的不断演化，传统的多边贸易体系的局限性逐渐显现，同时金融危机也在一定程度上加快了全球投资规则的重建，以投资自由化为核心的新国际投资规则将成为趋势。相较于传统的正面清单模式，负面清单模式具有更大的自由化范围，更高的透明度，因而在国际投资规则的重构下，负面清单将成为新的全球投资规范的核心。G20 框架下，各国应加快推进建设以负面清单为核心的全球投资开放制度，对各国外商投资实行负面清单管理模式，以期提高外资准入的开放度和便利度。

《G20 全球投资政策指导原则》就是为投资者和投资提供保护，保证投资政策透明度。"负面清单"模式正符合这一原则，并且现今"负面清单"模式也为全球绝大多数国家所接受，负面清单模式将成为未来国际投资协定的基本模式。以负面清单为核心构建全球开放制度也将成为消除投资自由化进程中投资壁垒和障碍的推动力。在维护好投资东道国利益和监管权的前提下，负面清单管理模式将实质性改善与贸易伙伴间的双向投资准入，促进全球投资合作，推动全球投资自由化。

（2）实施全球投资准入前国民待遇。

《G20 全球投资政策指导原则》第 6 条指出，"政府应有权为合法公共政策目的而管制投资"。现有的国际投资鲜有涉及投资者义务及东道国监管权，导致投资者——国家权利义务失衡，而实行准入前国民待遇能很好解决这一问题②。准入前国民待遇能为投资者提供快捷方便的服务，其针对的是

---

① 蔡拓等：《全球治理概论》，北京大学出版社 2016 年第 6 期，第 164～165 页。

② 詹晓宁：《全球投资治理新路径——〈G20 全球投资政策指导原则〉》，载于《世界经济与政治》2016 年第 10 期，第 7～8 页。

外国投资者能否方便进入东道国市场的问题。因而 G20 各国政府应适度降低外国投资者准入门槛推动准入前国民待遇的实行，让各类市场主体有机会公平参与市场竞争。同时在这个过程中需要东道国政府提高外资管理体制的透明度，这对各国外资监管和风险防控能力具有极大考验。当然实施准入前国民待遇并不意味着全面放开国家投资领域，负面清单管理模式就是为了降低准入前国民待遇门槛。因此，推动准入前国民待遇的实行关键在于设置高水平的"负面清单"以降低高水平投资自由化带来的监管风险。这要求全球各国政府齐心合力在宏观层面设计新的创新制度以便在充分利用外资的同时最小化降低风险。

（3）合力营造公平高效的全球投资环境。

经济全球化的不断发展要求全球各国抛开偏见推动全球投资自由化，共同营造公平高效的全球投资环境。《G20 全球投资政策指导原则》指出，"国际社会应继续合作，开展对话，以维护开放、有益的投资政策环境，解决共同面临的投资政策挑战"。遵循这一规则，G20 国家应在以下三方面做出努力：一是建设高标准、高规格的公平高效的营商环境。各东道主政府在吸引和利用外资时，应当适度降低外国投资者的准入门槛，建立和完善投资者权益保护制度，改革和创新投资监管服务模式，实现全球投资贸易"单一窗口"服务，从而合力打造方便快捷的综合管理服务平台，最终实现全球投资自由化、一体化。二是完善和整合多元化纠纷解决机制。全球范围内，投资纠纷是无可避免的，如何有效解决投资纠纷关乎各国合法权益，因此，全球各国应当通过不同途径解决投资纠纷，根据纠纷发生的实际情况建立多元的、公开透明的纠纷解决机制，并不断进行机制完善和创新，鼓励涉事双方通过友好协商方式解决纠纷，营造国际化的法律投资环境。三是加强全球间的沟通和协调。由于各国间的历史及现实条件不同，各国间的经济和产业发展水平存在很大差异，因此全球各国应进行多层次、多维度试验，加强各国间的联动，增进了解，互通有无，相互借鉴，共享信息，同时结合自身定位，制定和完善规划，共同建设高效的全球投资环境。

5. G20 框架下推动中国积极参与全球投资治理改革

过去全球投资治理主要以欧美为代表的发达国家为主导，中国在一定程度上被排除在外；如今随着美国退出 TPP，中国日益成为国际投资大国，在世界的影响力逐渐增强，中国应更为积极地参与全球投资治理，谋求在全球投资治理中的话语权。从世界范围看，中国在 2012 年已成为世界第三大的对外投资国，在 2014 年首次超过美国成为全球外商最大投资目的国，国内对外投资总量超过吸引外资总量，成为净资本输出国，并在 2015 年经济总量跃居世界第二，成为世界第二大经济体[①]。因此中国具备实力参与建构全球投资治理改革。在全球投资治理中实现中国价值体现在两个方面。一方面要积极参与甚至主导全球投资治理，体现中国的引导力；另一方面要体现中国的价值取向，不但要符合中国的利益，而且要有利于国际投资有序发展。中国参与全球投资治理改革路径包括：一是让中国扮演做好发达国家和发展中国家在投资治理沟通的桥梁。全球投资治理的关键在于发达国家和发展中国家能否达成共识。在 2016 年的杭州 G20 峰会，中国也很好地扮演了发达国家和发展中国家的桥梁角色。中国应延续这一思路，做好两者之间沟通的桥梁，让发展中国家在全球投资规则制定方面享有更多的话语权。二是中国应充分利用 G20 作为平台开展全球投资，一方面加快推进新一轮高水平的对外开放，并利用好自贸区的建设良机，以准入前国民待遇＋负面清单的管理模式加快推进外资管理体制改革，努力构建投资开放新体制；另一方面中国应加紧建立自己的高标准高质量的 BIT 范本，并以此为基础进行诸边投资谈判。三是中国应积极参与制定国际投资规则，构建 G20 框架下的全球投资治理体系，探索形成以中国为中心的国际分工体系，推动全球价值链的重构。[②]

---

① 王小龙、陈伟光：《全球投资治理：发展演进与中国参与路径》，载于《金融教育研究》2016 年第 29 期，第 8～9 页。

② 文洋：《全球投资治理：现状、趋势及中国的参与路径》，载于《理论视野》2016 年第 10 期，第 68 页。

参考文献

1. 李玉梅、桑百川：《国际投资规则比较、趋势与中国对策》，载于《经济社会体制比较》2014 年第 1 期。

2. 聂平乡：《国际投资规则的演变及趋势》，载于《国际经济合作》2014 年第 7 期。

3. 黄茂兴等：《TPP 的中国策：全球化新时代中国自贸区突围之路》，北京大学出版社 2016 年版。

4. 朱颖、罗英：《美国式国际投资规则的影响及我国的应对》，载于《经济纵横》2015 年第 9 期。

5. 潘晓明：《G20 杭州峰会对国际贸易投资体系发展的影响》，载于《国际经济与合作》2016 年第 11 期。

6. 盛斌：《G20 杭州峰会对国际贸易投资体系发展的影响》，载于《国际贸易》2016 年第 9 期。

7. 王小龙、陈伟光：《全球投资治理：发展演进与中国的参与路径》，载于《金融教育研究》2016 年第 1 期。

8. 杨枝煌：《抓住规则演变的战略机遇》，载于《人民日报》2016 年 8 月 8 日。

9. 唐宜红、姚曦：《竞争中立：国际市场新规则》，载于《国际贸易》2013 年第 3 期。

10. 詹晓宁：《全球投资治理新路径世界——解读〈G20 全球投资政策指导原则〉》，载于《世界经济与政治》2016 年第 10 期。

11. 詹晓宁、欧阳永福：《〈G20 全球投资政策指导原则〉与全球投资治理——从"中国方案"到"中国范式"》，载于《世界经济研究》2017 年第 4 期。

12. 何亚非：《从全球治理改革到重塑国际秩序》，载于《第一财经日报》2017 年 3 月 20 日。

13. 孙振宇：《G20 与全球贸易投资治理》，载于《中国经济报告》2015年第 9 期。

14. 盛斌：《G20 杭州峰会：开启全球贸易投资合作新时代》，载于《国际贸易》2016 年第 9 期。

15. 周密：《贸易投资：补齐 G20 全球经济治理的第三支柱》，载于《国际贸易》2016 年第 9 期。

16. 文洋：《全球投资治理：现状、趋势及中国的参与路径》，载于《理论视野》2016 年第 10 期。

17. 桑百川、任苑荣：《落实〈G20 全球投资指导原则〉推动建立全球投资规则》，载于《国际贸易》2017 年第 1 期。

18. 张小波、李成：《论全球治理中的国际投资机制构成、发展及对中国的影响》，载于《国际观察》2016 年第 4 期。

19. 马涛、苏庆义、韩冰、白洁：《以全球贸易投资合作促进包容性增长——二十国集团智库贸易投资会议纪要》，载于《国际经济评论》2016 年第 5 期。

20. 韩冰：《二十国集团在国际投资领域的合作与前景展望》，载于《国际经济评论》2016 年第 4 期。

21. 宋伟：《试论约翰·拉格"内嵌的自由主义"》，载于《世界经济与政治》2006 年第 2 期。

22. 舒建中：《战后多边国际经济机制的演进》，载于《世界经济与政治论坛》2008 年第 1 期。

23. 桑百川：《新一轮全球投资规则变迁的应对策略——以中美投资协定谈判为视角》，载于《学术前沿》2014 年第 1 期。

24. 蔡拓等：《全球治理概论》，北京大学出版社 2016 年版。

第四部分
G20 在构建更稳定更有韧性的
国际金融架构中的战略研究

2008 年国际金融危机爆发后，国际经济合作和竞争格局发生了深刻改变，全球经济治理体系和规则面临重大调整。其中，国际金融架构的完善是国际社会普遍关注和着力改革的领域。全球经济更加多元化以及全球经济互联性大幅加强，使得完善国际金融架构在当前经济金融形势下显得尤为重要。完善国际金融架构也一直是二十国集团（G20）峰会的重要议题。鉴于全球经济持续发生结构性变化并面临各种挑战的形势下，中国担任 G20 主席国后，在 G20 各成员支持下重启了国际金融架构工作组。经过近一年的沟通和讨论，在 2016 年 7 月成都 G20 财长和央行行长会后，形成了《迈向更稳定更有韧性的国际金融架构的 G20 议程》（以下简称"议程"）①，围绕扩大 SDR 的使用、增强全球金融安全网、推进国际货币基金组织（IMF）份额和治理改革、完善主权债务重组机制和改进对资本流动的监测与管理等方面提出了一系列建议。该议程在 2016 年 9 月的杭州峰会上被核准通过，成为 G20 完善国际金融架构的"中国方案"。

一、G20 与构建更加均衡稳定的国际货币治理体系

伴随 2015 年底美联储退出量化宽松政策进入加息周期，全球主要货币以及新兴经济体货币汇率对美元呈现贬值态势，在不均衡的国际货币体系中，风险更多地向新兴经济体和发展中国家转移。这一轮的剧烈波动，再次印证了全球经济复苏进程的脆弱性，也凸显了加强全球经济和货币政策协调、进一步推动全球货币治理体系改革的必要性。从深层次说，美元既是主权货币，又是主要国际货币，这构成了国际货币体系的固有矛盾。美元利率周期与新兴经济体自身的经济周期并不总是匹配，错配所引发的挑战长期而

---

① 《IFA 迈向更稳定、更有韧性的国际金融架构的 G20 议程》，中国人民银行网，2016 年 9 月 14 日，http：//www.pbc.gov.cn/goutongjiaoliu/113456/113469/3142307/2016091419074257022.pdf。下同。

艰巨。然而，美元作为主要国际货币的地位在可预见的将来仍无可取代，唯一的出路是推动全球货币治理体系向更均衡的方向发展，其中，国际货币基金组织（IMF）的持续改革至关重要。《议程》指出，"G20 重申关于支持一个强劲、以份额为基础的、资源充足的 IMF 的承诺。G20 支持 IMF 充分准备好在当前不确定的金融和经济环境下履行职责。"

（一）IMF 近年的改革方向

2008 年后由美国次贷危机引发的全球性金融和经济危机，使世界经济陷入了深度衰退，全球金融体系面临严峻考验。在此背景下，各国将寻求帮助的对象和关注的目光又一次投向 IMF。为应对国际形势变更并满足自身发展需要，IMF 进行了一系列关于优化组织结构和行为能力的改革，2009 年 9 月 IMF 第四次分配特别提款权修正案获得通过；2010 年 11 月和 12 月 G20 峰会以及随后的 IMF 理事会通过国际货币基金组织份额和治理改革一揽子方案。其主要内容是份额分配与投票权制度、特别提款权制度（SDR）和治理制度等三项核心制度的改革。

1. 份额分配与投票权制度

份额认缴是 IMF 资金的主要来源，对每一成员国均分配以特别提款权表示的份额，各成员国根据协议缴纳。份额由成员国的 GDP、国家外汇储备、国际贸易进口量和出口量等一系列因素决定。份额决定了成员国在 IMF 决策中的投票权。每个成员的总票数等于基本票数和以份额为基础的票数之和。份额的多寡与成员国在 IMF 的权利与义务有紧密联系。IMF 理事会通常每五年进行一次份额总检查，检查内容主要包括 IMF 份额的总体增加量以及该增加量在成员间的具体分配。目的在于根据成员国收支平衡需求和 IMF 满足此需求的能力评估份额是否充足，增加成员份额以体现成员在世界经济中的地位变化等。尽管自 1958 年开始，IMF 与份额相关的增资活动持续进行，截至 2010 年 IMF 总共完成了 13 次份额总检查，但与全球贸易和国际资本总规模的增长速度相比却逊色得多。一方面随着国际金融市场稳定性的不断变弱，IMF 所面临的资金短缺困扰更加严重，资金的短缺已成为其职能发挥的主要制约瓶颈；另一方面在 IMF 的份额分配机制下，成员国的份额并不必然与经济规模挂钩，份额公式也未能正确反映各国经济实力，尤其是新兴市场国家份额被严重低估。

在此背景下，2010 年，IMF 理事会完成了第 14 次份额总审查，其主要成果即为"2010 年份额与治理改革方案"。份额改革方案在份额总量和份额分配上都有了重大突破。一是 IMF 份额总量增加 100%（见表 4 - 1），从 2385 亿 SDR 增加到 4770 亿 SDR。二是新兴市场国家和发展中国家的份额增加，新兴市场和发展中国家的发言权和代表性得以大幅提高。超过 6% 的份额将从代表性过度的国家转向代表性不足的国家。新兴和发展中经济体的比重将进一步增至 42.4%。中国的份额升至 6.39%，投票权也从当前的 3.81% 升至 6.07%。中国成为仅次于美国、日本的第三大成员国，而巴西、印度、俄罗斯也进入前十大成员国序列。三是保护最贫穷国家的投票权。最贫穷国家的投票权比重将会予以维持。四是确定份额公式与下次检查时间。新设立的份额计算公式包含 GDP（50%）、开放程度（30%）、金融波动（15%）和国际储备（5%）四个方面，其中 GDP 为 60% 的市场汇率折算和 40% 的购买力平价（PPP）折算相加得到的加权之和。IMF 份额和治理改革方案要实施需要 188 个成员中至少 85% 投票权的支持（见表 4 - 2），美国占有总投票权的 16.718%，在此问题上拥有一票否决权。此前美国一直搁置 IMF 改革提案，令美国一度成为唯一一个阻挡 IMF 改革的国家。直至 2015 年 12 月，美国国会才通过了 IMF2010 年份额和治理改革方案，IMF 改革方案拖延多年后才正式生效。

表 4 - 1　　　　　　　　　IMF 历次份额总检查情况

份额检查	通过决议日期	总增资幅度（%）
第 1 次 5 年期检查	未建议增资	—
第 2 次 5 年期检查	未建议增资	—

续表

份额检查	通过决议日期	总增资幅度（%）
1958/59①	1959 年 2 月 4 日	60.7
第 3 次 5 年期检查	未建议增资	—
第 4 次 5 年期检查	1965 年 3 月	30.7
第 5 次 5 年期检查	1970 年 2 月	35.4
第 6 次 5 年期检查	1976 年 3 月	33.6
第 7 次 5 年期检查	1978 年 12 月	50.9
第 8 次 5 年期检查	1983 年 3 月	47.5
第 9 次 5 年期检查	1990 年 6 月	50.0
第 10 次 5 年期检查	未建议增资	—
第 11 次 5 年期检查	1998 年 1 月	45.0
第 12 次 5 年期检查	未建议增资	—
第 13 次 5 年期检查	未建议增资	—
第 14 次 5 年期检查	2010 年 12 月	100

资料来源：IMF，'IMF Quotas'，IMF Factsheets，Sept，2016，http：//www.imf.org/external/np/exr/facts/quotas.htm.

表 4 - 2　　　　　　　　　　**IMF 内部决议的决策规则**

获胜规则	决策领域	说明
>50%	除另有规定外，IMF 的决议须有过半数票	理事会、执董会会议的合法性采用双重多数制保障
>70%	以技术性条款修订为主，涉及支付、有关费用、回购、SDR 管理、利润分配等	
>85%	以管理性条款修订为主，涉及份额调整、汇兑安排、IMF 组织与管理、SDR 原则性修订，SDR 的分配、撤销与中止，紧急措施以及协定本身的修改与解释	协定的修改，经各成员国采用双重多数获胜制表决通过后，方可赋予修订合法性地位

资料来源：国际货币基金组织：《国际货币基金组织协定》，2011 年 3 月。

---

　① 该次检查活动迫于当时的形势需求，并不属于 5 年一次的例行份额总检查。

2. 特别提款权制度（SDR）

布雷顿森林体系崩溃后，IMF 于 1974 年启用 SDR 货币篮子。依照最初成立的目标，SDR 作为国际储备货币能有效解决全球流动性问题。尽管其本身不是一种货币，但持有 SDR 的 IMF 成员国可将其列为本国储备资产，在发生国际收支逆差时，可用本国持有的 SDR 向基金组织指定的其他成员国换取外汇，以偿付国际收支逆差或偿还基金组织的贷款，满足国际收支需求。然而在 SDR 发行的四十多年间并没有完全发挥其价值和职能。一方面，SDR 作为国际储备货币，在国际储备资产中所占的比例过低，相比 IMF 的条件性贷款以及央行间的货币互换协议，SDR 的分配规模仍显有限，其使用仅限定在职责范围内，在国际贸易、国际金融和大宗商品贸易的使用中相当有限，并且 IMF 成员国实际动用 SDR 的事例也十分罕见。另一方面，在2015 年 IMF 进行 SDR 审查前，SDR 货币篮子仅包括美元、欧元、英镑和日元四种主要国际货币，新兴经济体的正当权益受到忽视。这种以美元为主导、少数主权信用货币作为主要国际储备货币的体系，使美元等储备货币发行国无法在为世界提供流动性的同时确保币值稳定，特里芬难题依旧存在。而当美元等储备货币发行国的国内货币政策目标与各国对储备货币的要求产生矛盾时，货币当局更多考虑其国内目标。

为确保篮子中的货币在国际交易中的代表性，IMF 基于出口与自由使用货币两个标准，每五年对 SDR 货币篮子进行评估，调整货币篮子中的货币种类和货币权重。2015 年 11 月 IMF 执行董事会完成了对 SDR 货币篮子每五年一次的例行审议。审议结果是，中国在"出口规模"和"货币可自由使用"方面均已达标，人民币将在 2016 年 10 月 1 日正式加入 SDR。作为首个被纳入SDR 的新兴经济体国家货币，在新 SDR 货币篮子中，人民币权重为 10.92%，美元、欧元、日元和英镑的权重分别为 41.73%、30.93%、8.33% 和 8.09%。人民币加入 SDR 体现了新兴经济体在全球经济和金融格局中地位与作用，为改革国际货币体系注入新的活力，有助于稳定全球市场，拓宽国际社会对于流动性的多样化选择，有助于进一步推动全球金融治理机制的改革。

3. 治理制度

在"2010年份额与治理改革方案"出台之前，IMF 在执行董事会的构成和执行董事的产生方式上存在着先天缺陷，治理结构的利益安排过度向发达国家倾斜。IMF 的24名执董会成员中有14个席位由发达国家占据，发展中国家只有10席。美、日、德、法、英五国可以直接任命执行董事。这些"指定董事"更容易为了本国利益而忽略或牺牲发展中小国利益。执董会的这种席位分布结构也导致其长期由欧洲主导，自成立以来，IMF 的十任总裁均出自欧洲，一般由美国人担任第一副总裁，三名副总裁中仅有一位来自发展中国家，主要高级管理人员也基本来自发达国家。IMF "2010年份额与治理改革方案"主要针对执董会的规模与构成进行了调整。其一，执行董事代表权将发生变化。在维持24个 IMF 执行董事会席位的基础上，由欧洲国家出让两个执董席位，以提高新兴经济体的比重。其二，删除了有关指派执董的规定，所有执董均由选举产生。自第14次总审查完成之后，每8年对执行董事会构成进行一次审查。同时，放宽了任命第二副执行董事的条件，未来将给含7个以上成员国选区的执行董事增加一个副执行董事，以增强多国选区的代表性。IMF《董事会改革修正案》已于2016年1月26日正式生效。

（二）对 IMF 进一步变革的要求

1. 新兴经济体话语权仍需提升

在 IMF 治理结构历次改革中，虽然对执董会的席位分配、选区内的相对力量，以及份额与投票权占比等做出了调整，但因调整幅度较小，其整体所受影响有限。尽管在全球经济整体不景气的背景下，新兴经济体国家（E11）[①]

---

① 新兴11国（E11）包括：阿根廷、巴西、中国、印度、印度尼西亚、韩国、墨西哥、俄罗斯、沙特阿拉伯、南非、土耳其。

经济发展速度均有所降低，但近年来其增速大幅下滑势头已有所抑制，依据
《博鳌亚洲论坛新兴经济体发展 2017 年度报告》显示①，以中国、印度等 11
国为代表的新兴经济体 2016 年经济总体呈现缓中趋稳的态势，对世界经济
增长的贡献率达 60%，经济总量占全球的份额持续增加，较 2015 年上涨了
7.8%，不仅高于欧盟，而且远高于 G7。2016 年 10 月份 IMF 发布的《世界
经济展望》报告指出，2016 年新兴经济体的增长率约 4.2%，占全年全球经
济预期增长率的 3/4 以上。新兴经济体比发达经济体（1.6%）和全球经济
体（3.1%）的增速高出一截，仍然是世界经济增长的主引擎。② 可以看到，
经过该轮的份额调整，尽管新兴和发展中经济体的比重增至 42.4%，但其
份额比重仍明显低于其在世界经济中的比重。例如中国的份额升至 6.39%，
成为第三大份额国，日本的份额位居第二，但中国 GDP 早已是日本的两倍。
而美国的投票权有所下降，但 16.4% 的投票权仍具有 "一票否决权"，任何
影响美国切身利益的提议都有可能被美国 "一票否决"，这不仅有损广大新
兴及发展中国家参与 IMF 决策的积极性，还会进一步妨碍 IMF 决策机制的
公平性、合法性和有效性。在美元依然是国际中心货币、美国又能掌控 IMF
重大改革事项的情况下，国际货币及金融体系的改革恐难有效推进。

2. 份额公式的技术问题存在分歧

IMF 份额调整依据的是份额公式计算的结果。鉴于份额分配的重要性，
IMF 先后六次调整了份额公式。2008 年 IMF 通过了新份额公式：

$$CQS = (0.5 \times Y + 0.3 \times O + 0.15 \times V + 0.05 \times R) \times 0.95$$

其中，CQS 代表计算的份额；Y 为近 2 年混合 GDP 的年平均指数，Y =
$0.4 \times PPP\ GDP + 0.6 \times Market\ GDP$（PPP GDP 指购买力国内生产总值，Market
GDP 指市场汇率国内生产总值）；O 为开放度指标，用近 5 年中经常性收入
与支出之和的年平均值来测算；V 指经常收入和净资本流入之和的波动（过

---

① 博鳌论坛：《博鳌亚洲论坛新兴经济体发展 2017 年度报告》，博鳌亚洲论坛官网，2017 年 3
月 23 日，http://www.boaoforum.org/xzzx/31119.jhtml。

② 徐惠喜：《新兴经济体：增速触底反弹　成为中流砥柱》，载于《经济日报》2016 年 12 月
28 日第 7 版。

去13年内的实际值与3年平均值的标准差）；R指12个月的平均官方储备，包括外汇、SDR、基金储备头寸以及货币黄金。根据 IMF 的计划，第14次份额总检查是基于现行份额公式不变为前提进行的改革，而 IMF 的份额公式是该组织评估一个成员国相对地位的指导原则。各国基于各自国情，在各变量占公式权重、变量设计等方面也存在分歧。

第一，GDP 测算方式问题。GDP 是国民经济核算的核心指标，也是衡量一个国家或地区总体经济状况重要指标。当进行不同国家间的 GDP 比较时，需换算成同一种货币单位，这样汇率对其影响就比较大，而用购买力平价计算能够较为真实地反映一国的 GDP 水平。目前，GDP 在份额公式中占比50%，按照60%市场汇率计算的 GDP 和40%按购买力平价计算的 GDP 加权计算而得。以市场汇率为主要权重计算的 GDP，会使因本国货币坚挺而折算成美元以后物价水平偏高的国家，人均国内生产总值被高估。反之，因本国货币疲弱从而使折算成美元以后物价水平偏低的国家则会被低估。这就会夸大欧美发达国家在世界经济中的地位，贬损新兴及发展中国家对世界经济的贡献。[①] 第二，对新兴经济体及发展中国家较为重要的指标，例如人口数量、发展中国家对 IMF 资金的需求程度等是否应列入份额公式，各成员国也存在不同意见。第三，对于开放度如何衡量，是否应包含金融开放度，在货币共同区中，国与国的金融交往又如何计算等问题都存在不同看法。

3. 资源的充足性有待增强

从其成立之日起，IMF 就一直履行着经济危机救助的职责。其宗旨之一就是"在具有充分保障的前提下，向成员国提供暂时性普通资金，以增强其信心，使其能有机会在无需采取有损本国和国际繁荣的措施的情况下，纠正国际收支失调。"[②] 自全球金融危机和欧债危机爆发以来，IMF 连续向冰岛、乌克兰、希腊、爱尔兰和葡萄牙等国家提供了大笔救助贷款，以积极的

---

① 朱光耀：《国际货币体系改革由共识进入实践》，载于《理论视野》2009年第11期。
② 国际货币基金组织：《国际货币基金组织协定》，2011年。

角色全程监督落实达成救助方案，但资源不足的问题更进一步凸显。IMF 的资金来源主要有三个：一是来自成员国缴纳的份额（包括普通资金账户和特别提款权账户），占 IMF 全部可用资源的 25%。二是 IMF 与成员国之间建立的多边和双边借款安排，包括 IMF 与成员国之间建立的新借款安排（NAB）和一般借款安排（GAB）以及 IMF 与成员国生效的双边信贷或票据购买协议。三是出售黄金所得，其所持有的 2500 万盎司黄金，分 4 年按市价出售，以所得的收益中的一部分，作为建立"减少贫困和促进增长"（PRGT）信托基金的一个资金来源，用以向最贫穷的成员国提供低成本信贷。由于 IMF 自身没有货币发行权，在资源局限的背景下难以对全球货币供求失衡进行有效调控。因此，IMF 不得不通过援助贷款的"条件性"来控制其贷款的数量，常要求受援国采取货币贬值政策或紧缩的财政政策。IMF 援助贷款条件的限制不仅包括一国宏观经济政策方面的改革和调整，也逐渐涉及不同领域的局部改革，呈现出限制性条件不断增多、繁杂和提高的趋势。近年来，IMF 也提出了一系列增资方案。2009 年 G20 伦敦峰会将 IMF 的资金规模由 2500 亿美元增加到 7500 亿美元，并增发 2500 亿美元的特别提款权。2012 年 G20 墨西哥峰会，IMF 增资 4560 亿美元，这笔资金将通过临时双边贷款和票据购买协定的形式进入 IMF 普通资金账户，并用于所有成员，而非特定地区。尽管其可用资源规模有所扩大，但总体救助能力与成员国的潜在需求之间仍存在较大缺口，与世界经济发展动态变化仍存在严重脱节。为应对全球性的金融风险，IMF 仍需要加大筹资力度，拓展筹资渠道，保障资金的充足性，以更好地履行自己的职能。

4. SDR 的自身功能缺陷尚需突破

SDR 作为一种账面资产，实质上是向每个成员国提供了一项新的国际储备资产，成员国发生国际收支逆差时，可动用 SDR 向基金组织指定的其他会员国换取外汇，偿付逆差；可以直接用特别提款权偿付国际货币基金组织的贷款和支付利息费用；参加国之间只要双方同意，也可直接使用特别提款权提供和偿还贷款，办理政府间的结算。但在制度设计上 IMF 对 SDR 用途的限制较为严格，仅限于在官方账户中使用，私人和企业不得持有和使用，不能用于贸易和非贸易支付，更不能用于兑换黄金。本质上，SDR 作为一种记账单位，具有价值标准、储备和记账的功能，不具有货币的流通和支付职能，不能作为流通手段在国际贸易和金融往来中进行直接支付，使用 SDR 必须先经基金组织认可，或与他国协商，才能兑换成外汇而发生作用。这些限制提高了 SDR 的交易成本，必然会降低 SDR 作为储备资产对各国的吸引力，这使得它的作用有很大的局限性，一定程度上影响其在国际货币体系中的地位。同时，由于特别提款权的价值以 IMF 的信用为依托，这种价值是完全虚拟的，既无黄金的实物保证，也无国别货币的国家作后盾。而 IMF 的国际地位尚并不足以支撑一个庞大的储备货币规模。由于缺乏实质性资产作为保证以及账面数字较高等风险因素，各国对 SDR 依然保有谨慎的态度。

（三）G20 推动 IMF 改革的走向

当前，G20 在推进 IMF 系列改革中发挥着重要作用，IMF 改革已经成为 G20 峰会的核心议题和合作领域之一。IMF 借助 G20 峰会这一平台，就 IMF 增资、份额调整、治理结构改革、增加贷款的灵活性和种类、对 SDR 构成进行重新调整等方面达成了改革共识。2016 年杭州峰会，G20 各国一道推动建立更加稳定和有韧性的国际金融架构，就 IMF 的改革提出了新的走向。

1. 继续推进份额与治理改革

2016 年 1 月，IMF2010 年改革方案正式生效。《迈向更稳定更有韧性的国际金融架构的 G20 议程》提出，G20 将继续推进 IMF 份额和治理改革，期待 2017 年年会前完成第 15 次份额总检查，包括形成一个新的份额公式。份额调整应提高有活力的经济体的份额占比，以反映其在世界经济中的相对地位，因此可能的结果是新兴市场和发展中国家的份额占比整体提高；同时承诺保护最贫困国家的发言权及代表性。G20 成员国承诺迅速采取行动，就份额总检查和份额公式建立共识，以按时完成改革。

在份额比例的调整上，应与新兴经济体与发展中国家对于全球的经济贡献相匹配，更多地反映新兴市场国家的声音。由于 IMF 规定在重大事务上（如吸收新成员、增加份额、SDR 分配、汇兑安排等）需 85% 投票权的支持才能通过，而美国的一票否决权仍对于 IMF 的改革具有主导性作用，因而份额调整的关键还在于取消美国的否决权地位，引入双重多数原则和分类表决制度。在增加新兴经济体与发展中国家份额比重的同时，增加其国家代表在管理层和工作人员中的比重，尤其是高级管理层中的比重。

在份额公式的改革上，新公式的设计必须做到简单透明，与份额的作用相一致，并适当反映成员国在全球经济中的相对地位，体现不同国家的利益诉求。目前，多数专家学者提出的提升购买力平价权重比例来计算 GDP 的观点具有较为积极的意义。在现有公式基础上即使按照 100% 的权重比例来计算 GDP，新兴与发展中国家新增比例也不足 5%。因此，适度提升购买力平价在计算 GDP 中的比重，整体调整的影响较为温和，有利于平衡各方利益并形成共识。

2. 完善 IMF 资源充足度及贷款政策

《迈向更稳定更有韧性的国际金融架构的 G20 议程》提出，G20 重申支持 IMF 目前完善贷款工具的工作，该工作是完善国际金融架构的一部分。特别是，G20 呼吁 IMF 在 2016 年底前在以下方面进一步开展工作：（1）预防性工具，包括提高覆盖范围的方法，提高对潜在借款人的吸引力，如降低政治污名效应，审议 IMF 评分制度，确保对良好政策及及时退出的激励。（2）为面临严重、持续的大宗商品价格冲击的大宗商品出口国提供支持，帮助他们进行调整。（3）审议目前涉及普通资源账户和"减贫和增长信托（PRGT）"混合贷款的实践。（4）覆盖新兴市场国家和发达国家的政策信号工具。（5）向面临非金融冲击如难民危机的国家提供帮助。G20 欢迎为 PRGT 提供新的资金贡献和双边贷款资源，呼吁更多的成员国参与出资。

可以看出，G20 杭州峰会提出的完善相应贷款工具的改革措施体现了

IMF 在帮助其成员国的方式上发生了相应改变，反映了 IMF 在全球经济不确定性背景下表现出来的与时俱进。在此基础上，其未来趋向主要有两个：其一，有效拓宽贷款来源渠道，大幅增加贷款资源，满足 IMF 资源的充足性要求，增强其作为全球最后贷款人的作用；其二，进一步软化贷款条件，调低申请门槛，从而使更多的成员国可以切实获得其援助贷款，提高 IMF 决策过程的透明度，以增强 IMF 救援计划的有效性。

3. 扩大 SDR 的使用范围

《迈向更稳定更有韧性的国际金融架构的 G20 议程》提出，G20 支持对更广泛地使用 SDR 进行研究。G20 支持一些国际金融机构和国家发布以 SDR 作为报告货币的财务和统计数据，并将研究更多地使用 SDR 进行报告的好处和可能的方法；G20 要求 IMF 评估与 SDR 相关的最新进展，特别是发行 SDR 计价债券方面，须在 2017 年向 G20 财长和央行行长汇报。

2016 年人民币正式纳入 SDR 货币篮子之后，SDR 在计价、市场交易以及国际储备使用方面均取得一定进展。自 2016 年 4 月开始，中国人民银行同时发布以美元和 SDR 作为报告货币的外汇储备数据。2016 年 6 月底发布了以美元和 SDR 作为报告货币的国际收支和国际投资头寸数据。SDR 作为一篮子货币，其汇率比单一货币更为稳定。以 SDR 作为外汇储备的报告货币，有助于降低主要国家汇率经常大幅波动所引发的估值变动，更为客观地反映外汇储备的综合价值，也有助于增强 SDR 作为记账单位的作用。2016 年 8 月 31 日，世界银行在中国银行间债券市场发行了世行 2016 年第一期 SDR 计价债券，总额为 5 亿 SDR（约合人民币 46.6 亿元），期限 3 年，票面利率 0.49%，取名为"木兰"。这是 1981 年以来全球发行的首单 SDR 计价债券，也是全球范围内首次以公募形式发行的 SDR 计价债券，进一步推动了 M – SDR① 市场的发展。SDR 债券的优势较为明显：一是 SDR 货币篮子中货币之间的弱相关性或

---

① SDR 分为 O – SDR（Official SDR，由 IMF 官方分配的 SDR，仅由指定官方部门持有）和 M – SDR（Market SDR，市场上以 SDR 计价的金融工具）。M – SDR 不牵涉 IMF 分配的官方 SDR，SDR 仅作为计价单位，可随时由任何一方持有和发行，不论是私人还是官方部门，无须 IMF 批准，且发行利率、结算货币也由发行方决定。

负相关性使得其具有天然的避险属性，可以在一定程度上规避利率和汇率风险；二是可以满足投资者多元化资产配置的需求，减少持有多种货币金融资产所需要的对冲安排，降低交易成本；三是对于资本账户未完全放开的国家而言，SDR 债券可以为国内投资者提供一个配置外汇资产而不涉及跨境资本流动的方式。[①] 当然，要增强 SDR 的吸引力，应循序渐进地扩大特别提款权的使用，特别是发挥其作为全球流动性调节工具的作用，下一阶段着力发展SDR 计价的资产市场，推动以 SDR 作为计价货币的大宗商品交易、国际贸易，促进现行国际货币体系改革，以完善国际金融治理架构。

二、G20 与构建更加充足有效的全球金融安全网

全球金融安全网（Global Financial Safety Net，GFSN），是全球范围内可动用的，用来抵御对外支付危机、流动性危机等各种金融危机的多层次资源的总称。构建全球金融安全网是完善全球金融治理的重要组成部分，在提供流动性支持、预防金融危机和提高全球生产力等方面发挥着重要作用。2015年以来，全球资本流动波动加剧，新兴市场和发展中经济体普遍面临资本外流的压力。在此背景下，完善以 IMF 为核心的全球金融安全网具有重要的现实意义。2016 年 3 月，中国人民银行行长周小川在巴黎举办的 G20 "国际金融架构高级别研讨会" 上明确提出，要提高 GFSN 的充足性和有效性。2016 年 G20 杭州峰会《迈向更稳定更有韧性的国际金融架构的 G20 议程》重申支持目前进一步加强以 IMF 为核心的全球金融安全网（GFSN）的工作，包括通过加强 IMF 和区域金融安排之间的有效合作。

（一）全球金融安全网的发展

布雷顿森林体系瓦解后，全球范围内金融危机发生的次数和影响力明显

---

① 李为锋：《人民币正式'入篮'，SDR 债券迎发展契机》，载于《中国证券报》2016 年 10月 14 日。

增加。1986 年，国际清算银行（BIS）在国际上首次提出金融安全网的概念，但此后很长时间世界各国并未对其引起足够的重视。2008 年国际金融危机以后，人们逐渐认识到，有必要从全球层面构建一个更加健全有效的金融安全网体系。IMF 前总裁卡恩提出"全球金融安全网"提议后，2010 年 G20 首尔峰会上，与会国提出要构建一个更为灵活的、多层次的、适用于不同类型国家的全球金融安全网。2016 年 G20 杭州峰会公报中强调了"支持进一步加强以强劲的、以份额为基础的、资源充足的国际货币基金组织为核心的全球金融安全网"①。目前，国家外汇储备、双边或多边的官方安排和市场工具这三大支柱组成了全球金融安全网。官方安排主要包括央行互换额度、区域融资安排和 IMF 的资源。市场工具包括对冲工具、巨灾债券或GDP 挂钩证券等。全球金融安全网旨在实现三个主要目标：防范系统性危机及阻止危机蔓延；危机时提供信贷支持，协调政策调整；激励国家实行稳健的宏观经济政策，尽量减少危机的风险。

1. IMF 的官方安排

目前，IMF 是推动全球金融安全网建设的核心力量。2008 年全球金融危机后，IMF 为加强其应对系统性危机的能力进行了一系列的改革。一是增强 IMF资源的充足性。为弥补资金不足，IMF 通过多种渠道补充其资金来源，从而提升其贷款援助能力，具体方式包括成员国注资、扩大新借款协议（NAB）、向成员国官方部门发行 IMF 债券。2009 年 4 月初，G20 伦敦峰会上，各国领导人同意为 IMF 增资，将其资金规模从 2500 亿美元增加到 7500 亿美元。2012 年 4月，在华盛顿召开的春季会议上，IMF 再次获得各国的增资约 4300 亿美元。

二是提高危机借贷能力。2011 年 11 月，IMF 宣布将推出新的贷款工具，旨在扩大其借贷项目的灵活度和规模，以便向其成员提供更有效的流动性和紧急援助。新的借贷工具名为"预防性和流动性安排"（Precautionary and Liquidity Line，PLL），将取代此前的"预防性信贷安排"，可用于更广

---

① 《二十国集团领导人杭州峰会公报》，新华网，2016 年 9 月 6 日，http：//news. xinhuanet. com/world/2016 - 09/06/c_1119515149. htm，下同。

泛的情况，包括防范未来冲击的保险，以及作为短期流动性窗口，满足未直接遭受危机的国家在地区或全球压力加剧期间的需要，并打破危机蔓延链条。新工具将使 IMF 更迅速和有效地应对危机。

三是改革援助贷款框架。为了鼓励成员国及早寻求危机援助，IMF 对贷款框架进行了一系列改革。2009 年 3 月，IMF 提出"灵活信贷额度计划"（Precautionary Credit Line，FCL）。符合一定要求的国家在需要时可以无条件获得贷款援助，这些基本要求包括低通货膨胀、外债规模适度以及政府财政状况良好。根据新政策，成员国贷款期限将从原先的 3 个月延长到 1 年，对于贷款额度不作上限要求。成员国可以在任何时候使用"灵活信贷额度"。IMF 表示，将放弃传统上对于受援国经济政策进行"事后干预"，尤其是限制政府财政开支的做法，未来在贷款时将更多依据事先确定好的成员国资质。同时，在成员国依据各自资金贡献水平获得的预备贷款方面，IBM 将把贷款额度翻一番。此外，IMF 还设立了新的减贫与增长信托（PRGT），增加对低收入国家的援助力度。

四是加强区域性和多边监督。2009 年 9 月，IMF 执行董事会通过了《监督重点声明》，规定将风险评估、宏观经济与金融联系、多边视角及外部稳定和汇率评估列为监督重点。为此，IMF 采取了多项措施：（1）将金融部门评估规划作为对具有系统重要性金融体系成员国监督工作的一部分；（2）在试点基础上撰写专题报告，分析具有最大系统重要性经济体的政策所产生的溢出效应；（3）通过撰写跨国/跨主题报告总结政策经验，将其提供给其他面临同样问题的成员国；（4）撰写《世界经济展望》和《全球金融稳定报告》合编本，为高层决策者提供更为明确的信息。

五是加强与其他国际经济组织的合作。在总结金融危机教训的基础上，IMF 加强了与其他国际经济组织的合作。2009 年 9 月，IMF 受邀在 G20 的相互评估过程中发挥作用，以更好地协调成员国经济政策，促进全球经济的可持续性增长。IMF 通过审查成员国的政策，以确定成员国政策是否与 G20 的框架目标一致，并为 G20 提供政策建议。此外，IMF 与金融稳定理事会（FSB）合作开发半年一次的早期预警演习（EWE），以提高对全球性风险事件的评估及应对能力。

2. 区域性融资安排

2010 年，G20 首尔峰会提出了多层级全球金融安全网的概念，即除了以 IMF 为核心的全球层级外，还可构建国家、地区、双边等不同层级的金融安全网。由于各个国家可能会在不同时点遭受金融冲击，通过加强地区合作、建立区域性的资金储备库，有利于丰富全球金融安全网层次。从现实角度看，由于 IMF 潜在融资能力有限，短期事件中区域性融资安排可能更加熟悉当地情况并有较快的响应速度。目前，区域性融资安排主要有清迈倡议多边机制（Chiang Mai Initiative Multilateralization，CMIM）、欧洲稳定机制（European Stability Mechanism，ESM）、拉丁美洲储备基金组织（Fondo Latin Americano de Reservas，FLAR）、金砖国家应急储备安排、欧亚经济共同体（Eurasian Economic Community）的反危机基金（Anti - Crisis Fund，ACF）、阿拉伯货币基金组织（Arab Monetary Fund，AMF）等（见表 4 - 3）。区域性融资协议最大的优点是，由于其成员国之间比较熟悉，对区域特点更为了解，较之 IMF 能够更加灵活地对危机做出反应并提供多样化的支持机制。区域融资协议的有效运作还可以帮助新兴市场经济体降低对自身外汇储备的依赖，有利于全球经济再平衡。

表 4 - 3 区域性融资协议

	欧洲稳定机制	清迈倡议多边机制	拉美储备基金	金砖国家应急储备安排	阿拉伯货币基金	反危机基金
启动时间	2010 年，2012 年	2000 年，2010 年	1991 年	2014 年	1976 年	2009 年
成员国	欧元区17 国	东盟＋中日韩	拉美7 国	金砖5 国	阿拉伯地区22 国	欧亚5 国
总规模	7000 亿欧元	2400 亿美元	23 亿美元	1000 亿美元	27 亿美元	85 亿美元
资金来源	以资本为基础发行票据和债券	货币互换	资本，发行债券	货币互换	资本（实收）	资本（实收）
成员国支持计划	5 种稳定支持工具	危机预防和解决机制	5 种信用额度	流动性工具和预防性工具安排	4 种贷款	金融信贷和投资贷款

续表

	欧洲稳定机制	清迈倡议多边机制	拉美储备基金	金砖国家应急储备安排	阿拉伯货币基金	反危机基金
与 IMF 关系	相互独立但密切合作，为受援国联合融资	30% 的 IMF 挂钩比例	非正式的信息共享和磋商	70% 的 IMF 贷款挂钩比例	IMF 储备额用尽后提供普通或延期贷款	必要时提供联合融资并分享信息

资料来源：崔熙南：《区域金融：构建危机防护网》，载于《博鳌观察》2013 年第 1 期。本书进行了修改和补充。

3. 双边货币互换安排

货币互换，通常是指市场中持有不同币种的两个交易主体按事先约定在期初交换等值货币，在期末再换回各自本金并相互支付相应利息的市场交易行为。近年来，货币互换逐渐成为各国央行用于应对短期流动性问题、维护金融体系稳定和区域金融合作的重要手段。目前，世界各主要经济体货币当局间的货币支持机制已初步建立，货币互换的规模和覆盖范围不断扩大。

2013 年 10 月 31 日，美联储、欧洲央行、英国央行、日本央行、加拿大央行和瑞士央行将原有的临时双边互换协议转换成长期货币互换协议，这标志着以美联储为中心，主要发达经济体的央行参与的货币互换网络正式形成。这个央行网络由工业化国家的央行组成一个核心，依靠各个成员国的紧密协作来开展业务。虽然其制度化程度不高，仅设有一个权力不大的秘书处负责进行货币结算，但这一跨政府央行网络在全球金融治理中已经显示出了巨大的能量。美联储无保留地向这一跨政府网络内的央行（包括十国集团的几家主要央行和在新兴市场国家中选定的几家央行）开放其货币互换窗口，以提供充足的美元流动性。这个以美元为核心的跨政府央行网络将发达经济体的货币供给机制内在地连为一体，通过长期、无限和多边化安排来应对短期流动性短缺、抑制金融危机的传染。除了通过欧洲央行与美联储创建的双边美元互换为市场补充流动性外，在欧盟内部也创建了一系列以欧元与瑞士法郎为核心的双边货币互换。

目前，双边货币互换网络已不局限于主要发达国家，已延伸至新兴经济体。2000年，东盟十国和中日韩（10+3）共同签署建立区域性货币互换网络协议，即"清迈协议"，使亚洲双边货币互换得到了实质性推进。2012年在东盟10+3财长和央行行长会晤期间，将双边货币互换协定规模由1200亿美元进一步扩展到2400亿美元。根据中国人民银行统计，截至2016年6月末，中国人民银行已与35个国家和地区的中央银行或货币当局签署货币互换协议，货币互换规模为3.3万亿元人民币。多项货币互换协议的付诸实施，标志着新兴市场央行应对国际金融危机、维护金融稳定的能力与手段都提升到了一个新的水平。

4. 国家外汇储备

一定的外汇储备是一国进行经济调节、实现内外平衡的重要手段。同时，外汇储备也是各国防范和抵御金融危机的第一道防线。充沛的外汇储备有利于提高偿债能力和提升风险抵抗能力，满足有效干预外汇市场、维护本币汇率稳定的需求，也是外部投资者的信心指标之一。金融危机之后，各国外汇储备出现大幅上升，从2005年的4.32万亿美元增加到2013年高峰时的11.68万亿美元，截至2016年末，仍有约11.59万亿美元。其中，新兴和发展中经济体外汇储备的增幅要显著大于发达经济体（见图4-1），自2005年的2.23万亿美元上涨至2013年最高峰的7.84万亿美元，增幅超过251%。

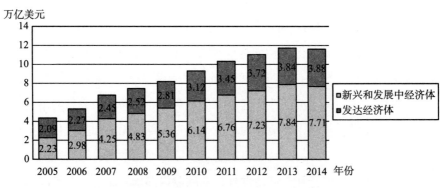

图4-1 2005~2014年全球外汇储备

资料来源：国际货币基金组织官方数据库。至2017年5月14日，其公布的分类统计数据截至2015年第一季度。

（二）全球金融安全网存在的主要问题

2008 年全球金融危机以后，全球金融安全网的资源显著增长。据 IMF 粗略统计，2014 年这些资源共达 16 万亿美元，其中约 12 万亿美元是各国的外汇储备。另外，IMF 可使用资金、央行间货币互换安排、区域融资安排在 2007 年约为 5000 亿美元，到 2014 年已近 4 万亿美元。[①] 但目前全球金融安全网还比较脆弱，存在覆盖面有限、运行成本高昂和道德风险等问题。

1. IMF 危机救助机制的权威性和独立性不足

美国次贷危机和欧债危机后，虽然 IMF 在危机救助机制上进行了一些改革，但其治理结构和贷款条件存在的问题并未得到根本变革，改革的进度和效果远远不能满足新兴经济体和发展中国家的需求，整个国际货币体系的脆弱性仍然存在。IMF 的救助制度及在金融危机救助中的具体规则虽然是各个主权国家在平等的基础上共同协商的产物，并且，其对受援助国家提出的约束性贷款条件也具有一定的权威性，但是，IMF 并不是完全高于国家主权的独立机构，在很多情况下，只是对危机国家提供贷款，而享有的其他非经济方面的权力是非常有限的。权威性的缺乏使得 IMF 不得不依赖某些大国来强化其行使职能的力度和效率，然而，这样就又使得 IMF 的决策容易受到大国的干扰，打上了大国利益的烙印，反而令其开展危机救助的独立性受损。

以希腊债务危机为例，2010 年，IMF 与欧盟委员会和欧洲央行联手组成了国际三方，开展了总规模 1100 亿欧元（约合 1440.3 亿美元）的第一次希腊救助，2012 年，国际三方又进行了第二次救助。IMF 总计为希腊提供了高达 470 亿美元的贷款，从贷款规模与经济总量的比例来看，这是 IMF 有史以来力度最大的救助贷款。但是，希腊直到 2012 年 5 月才最终开始进

---

① 林建海：《完善国际金融架构势在必行》，载于《人民日报·海外版》2016 年 8 月 27 日第 4 版。

行债务重组，较原救助计划规定的时间推迟了 2 年。导致这一局面的原因是多方面的。首先，由于部分欧元区国家的银行持有过多的希腊债务，因此这些国家不愿减轻希腊的偿债义务，同时，他们也担心债务减记将使希腊失去改革的动力，认为高企的债务水平反而有助于迫使希腊政府采取行动。这就导致 2012 年 5 月前减记希腊债务的努力遭遇了政治瓶颈。债务重组的拖延使得这些国家私人部门在 2012 年之前两年内的所有到期债务得到了全额偿付，但留下了希腊债务水平依旧过高的问题，并最终由欧洲其他国家政府和 IMF 来买单。其次，国际救助附加的紧缩计划对希腊经济造成了较大的冲击。IMF 原先预计希腊经济产值在 2009~2012 年间可能会下滑 5.5%；而实际上该国的国内生产总值（GDP）下滑了 17%。希腊救助方案预计 2012 年该国失业率在 15%，然而实际失业率高达 25%。尽管放缓紧缩计划的实施可能对提振希腊经济有利，但这势必会延长救助时间、增加救助资金的规模，这又是 IMF 等参与救助的各方所不愿接受的。最后，IMF 的救助计划也面临一定的道德困境。国际各方的救助减轻了欧元区和欧洲其他各国可能遭受的不利影响，但是，对于投放给希腊的 470 亿美元，IMF 设定的贷款利率只有 3.33%，低于许多国家国内贷款利率水平，也低于欧元区借给希腊的 5% 的贷款利率，可以说，这都是其他 IMF 成员国让利给希腊。

2. 区域性融资协议应对系统性危机的能力有限

区域性融资协议是多层级全球金融安全网的重要组成部分。目前主要的区域性融资安排应对区域性、系统性金融危机的能力还有待进一步提高。首先，区域性融资安排的组织化、机制化水平还不高。部分区域性融资安排，如清迈协议多边机制、金砖国家应急储备机制等，还不是永久性的国际组织，缺少常设机构和固定机制，这就给区域多边合作机制的运行效果、可持续性和应急反应速度带来了较大的挑战，对协议内各成员国和地区的监督和约束能力也较弱。其次，区域性融资安排的总体规模还不大，有能力应对区域内个别国家的危机事件，但还不足以应对大规模系统性危机。目前，资金规模最大的是欧洲稳定机制，由欧元区各成员国按比例出资，包括 800 亿欧元的实收资本和 6200 亿欧元的通知即缴资本，总额达到 7000 亿欧元，资金规模相当于欧元区 2011 年 GDP 的 6.9%，而清迈倡议多边机制、拉丁美洲储备基金的资源分别只达到各自地区 GDP 的 1.5% 和 0.23%，[①] 尚不足以全面应对区域性金融危机。再次，各区域性融资协议与 IMF 之间的协作机制还不健全。目前，各项区域融资协议都与 IMF 有着不同层面的合作。欧洲稳定机制和 IMF 通过联合计划为欧元区成员国提供支持。清迈倡议多边机制则与一项"IMF 挂钩项目"（IMF link）相伴而生，每当成员国提款高于30% 的借款上限时，必须有一个与之挂钩的 IMF 项目。金砖国家应急储备机制要求成员国最大借款额的 70% 应与国际货币基金组织贷款挂钩。其他区域融资协议在为成员国提供支持时，与 IMF 之间的合作则较少。并且，IMF 与区域性融资安排提供的资源可能是替代而非互补的，也即多重机构的存在可能留下制度套利的空间，从而滋长机会主义行为。最后，尽管区域性融资协议各成员国之间具有共同促进外汇储备多元化、应对区域性金融风险的合作目标，但由于各自意识形态、政治制度、文化历史和经济发展程度等方面的差异，仍然存在着较强的竞争和利益冲突。

3. 双边货币互换与增加外汇储备的潜在道德风险

国际金融危机爆发后，全球范围内形成了多个国际货币互换网络。当前国际货币互换为缓解国际金融机构的短期融资压力、抑制金融危机的跨境传染、降低各国央行积累外汇储备的必要性以及强化互换货币的国际地位等具有一定的积极作用。但是，双边货币互换在面临金融危机时，可能因为资金实力有限而无法充分承担起救助的职责，无限制的货币互换也有可能产生严重的道德风险。首先，货币互换是危机中的临时应对机制，而要真正成为防范金融危机的保障，互换协议需要较长时间的事先谈判，同时，互换货币发行国的货币当局，如美联储等需要承担双边互换机制的违约风险，长期来看，其开展互换的意愿可能会降低。其次，互惠性双边货

---

① 崔熙南：《区域金融：构建危机防护网》，载于《博鳌观察》2013 年第 1 期。

币互换其实是不对称的。通常一国会用另一国货币放贷，而另一国只是将对方货币作为抵押品。供应外汇储备货币的央行应该在事前为它们提供的流动性服务获得回报，从而激励其承担相应风险。如果缺少回报，那么储备货币发行国就没有动力在事先承诺在事后提供流动性，而就货币互换的补偿机制进行双边谈判费时耗力。再次，正如任何一种担保机制一样，控制双边货币互换的道德风险是十分重要的工作，目前还缺乏获得货币互换协议的相应标准。而对储备货币发行国来说，互换的机制化会显著增加其资产负债表的不确定性，并可能因此承担较高的救助成本，对此必然会十分谨慎。

金融危机以来，全球外汇储备总量大幅增长，其中主要来自新兴和发展中经济体。但是，外汇储备仅仅是一种有限的安全资产，持有外汇储备面临着较高的成本。从单一国家来看，似乎有充足的理由增加外汇储备，但从全球整体的角度看其有效性却大大降低，特别是外汇储备分布的极端不平衡可能会加大金融市场的扭曲。当前，大部分新兴和发展中经济体无法加入全球主要央行的外汇互换机制，而他们在金融市场和国际贸易中又严重依赖发达国家货币。因此，很多新兴和发展中国家为此通过外汇储备来"自保"，但这也导致了从相对贫困的新兴市场流入相对富裕发达国家的资本在增加。而这些储备所占用的资金本应用来进口商品和劳务，增加生产的实际资源，投入基础设施建设、医疗和教育等项目，从而增加发展中经济体的就业、国民收入和福利。在当前新兴和发展中经济体增长速度放缓、资本净流出的情况下，增加外汇储备反而会进一步恶化其中期发展前景，加大发生金融危机的可能性。

（三）G20 加强全球金融安全网建设的主要任务

全球金融危机期间，G20 主导下国际社会加强了多边合作，成立了金融稳定委员会（FSB），加强了央行互换额度等，取得了一定的积极成效。但在当前金融全球化背景下，溢出效应的传递速度更快、范围更大，全球金融安全网也相应需要增强和改善。强化全球金融安全网将有助于减少外汇储备积累、降低主权风险溢价，有助于重新配置资金，提高全球投资和生产力。G20 应根据国际经济金融形势变化，积极开展国际合作，加强协调和资源整合，促进各个层次发挥合力，确保全球金融安全网广泛覆盖、密切配合和有效预防，以更好地应对系统性金融风险。

1. 支持 IMF 发挥核心作用

根据 2016 年 G20 杭州峰会相关《议程》达成的共识，进一步发挥 IMF 在完善全球金融安全网中的核心作用，强化规则制定和引导全球共识，提高全球金融安全网的覆盖面和包容性。在《议程》中，G20 重申关于支持一个强劲、以份额为基础的、资源充足的 IMF 的承诺，支持 IMF 充分准备好在当前不确定的金融和经济环境下履行职责。同时，G20 重申支持 IMF 目前完善贷款工具的工作是完善国际金融架构的一部分。特别是，G20 呼吁 IMF 在 2016 年底前在以下方面开展进一步工作：（1）预防性工具，包括提高覆盖范围的方法，提高对潜在借款人的吸引力，如降低政治污名效应，审议 IMF 评分制度，确保对良好政策和及时退出的激励。（2）为面临严重、持续的大宗商品价格冲击的大宗商品出口国提供支持，帮助他们进行调整。（3）审议目前涉及普通资源账户和"减贫和增长信托（PRGT）"混合贷款的实践。（4）覆盖新兴市场国家和发达国家的政策信号工具。（5）向面临非金融冲击如难民危机的国家提供帮助。此外，G20 欢迎为 PRGT 提供的新的资金贡献和双边贷款资源，呼吁更多的成员国参与出资。

首先，落实 IMF 份额和治理改革。提高新兴市场和发展中经济体的份额占比，更加关注一些规模较小的发展中经济体，提高他们在金融安全网中的服务可得性，在成员国间提供更加均衡的金融安全网覆盖。在对新兴和发展中经济体实施危机救助时，应充分考虑其如何在中长期中走出经济萧条，而不能将受救助方在短期内实现清偿债务的能力作为救助的唯一目标。其次，进一步提高 IMF 贷款工具的有效性。健全资格预审机制，提高救助贷款发放的速度和可预见性，对申请项目建立清晰客观的判断标准，明确获得不同类型、程度和期限资金援助需要满足的要求，既要提高救助资金的可得性，减小污名效应，同时也要防范援助条件过松可能产生的道德风险。再次，增强IMF的危机识别和防御能力。加强对全球经济的监测和监督，开展应对资本流动的国别经验和新问题的审议，防范资本流动过度波动带来的潜在风险。加强和拓展适用于所有国家的全球预防性金融工具。最后，完善IMF的全球协调功能。在全球层面提供更加良好的政策激励来降低系统的道德风险，降低对过度积累储备的激励并改善全球储备池的效率。充分发挥IMF在风险防范和危机救助领域的专长，提供其在协调债权人和债务人利益上的权威性和独立性。

2. 加强 IMF 和区域融资安排之间的有效合作

为了建立一个更具系统性和稳定性的危机应对机制，需要进一步加强区域融资协议，并充分发挥IMF和区域融资协议各自的优势，完善两者之间的沟通与协作。G20夏纳峰会已就IMF和区域融资协议间的合作达成基本共识，但其主要针对欧洲稳定机制和清迈协议多边机制，还未涵盖其他区域融资协议。G20杭州峰会相关《议程》指出，G20呼吁IMF和区域融资安排之间进行更有效的合作，鉴于此，（1）G20呼吁区域融资安排和国际金融机构之间进一步拓展分享信息和经验的渠道。（2）G20欢迎即将开展的清迈倡议和IMF的联合演练，呼吁其他与IMF的合作尚未被测试过的区域融资安排考虑与IMF进行联合演练。（3）G20期待IMF和清迈倡议–IMF联合演练及其他演练的参与国一道总结经验，在考虑其不同的属性和职责的同时分享更广泛的合作经验。

G20应进一步推动IMF与区域融资协议之间建立定期对话渠道，分享信息和观点，加强合作。首先，以夏纳峰会的基本原则为基础，拟定区域融资协议与IMF的分工合作框架，在保持各自独立的前提下，就双方联合应对国际收支危机、区域性系统性危机等达成一致。区域性融资安排侧重于帮助有临时融资需求、危机破坏力较小的中小型国家，涉及系统性危机的则由国际货币基金组织处理。其次，IMF可以考虑引入一项预防性信用额度，用于与区域融资协议联合提供贷款。当察觉到危机有严重的蔓延风险，并且很可能发展成区域性系统风险时，就可以将"IMF - 区域融资协议联合预防性信用额度"提供给某个国家集团或以单边形式提供给数个国家，这样就有可能降低"污名效应"和先行者问题。① 再次，进一步改进区域融资安排，确保资金来源可持续，提升区域融资安排实际对外支付的可操作性，确保区域性融资安排能经受实践检验。要更加关注溢出效应影响，加强不同层次安全网之间的互补，以采取协商一致的措施来缓解负面溢出效应。最后，要加强区域融资协议的独立监督职能来防范道德风险，提高其管理效率。

三、G20 与完善更加有效可持续的主权债务重组机制

主权政府通常被认为具有较高的信用级别，但主权债务危机甚至是违约的情况也时有发生。国际金融危机后，随着全球经济增速放缓以及政府债务水平的提升，主权政府的偿债能力也急剧下滑，主权债务危机受到了更多关注。鉴于主权债务危机的巨大冲击，以 IMF 为代表的国际机构很早就构建了专门的援助机制，债务重组是其中的重要手段，在应对主权债务危机中发挥着重要作用。

（一）全球主权债务的基本状况

1. 全球主要经济体债务的构成

根据国际清算银行 BIS 的统计（见图 4 - 2），2015 年末全球 43 个主要经济体债务占 GDP 的比重平均为 235.3%，其中政府部门债务水平均值为

---

① 崔熙南：《区域金融：构建危机防护网》，载于《博鳌观察》2013 年第 1 期。

67.6%；发达经济体债务占 GDP 的比重平均为 268.2%，其中政府部门债务水平均值高达 107.0%；新兴经济体债务占 GDP 的比重平均为 179.3%，中国为 254.8%。为促进经济复苏，全球主要经济体采用刺激性财政政策与极度宽松的货币政策，导致债务水平急剧上升，而随着全球经济增速放缓，主权政府的偿债能力也随之急剧下滑。因此，主权债务危机受到了更多关注。

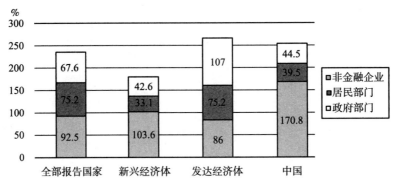

图 4 - 2　2015 年末主要经济体债务占 GDP 的比重及构成

资料来源：Database of Sovereign Defaults 2016，Bank of Canada，http：//www. bankofcanada. ca/2014/02/technical - report - 101/.

2. 全球主权债务违约金额与占比

据加拿大银行信用评级评估小组（The Bank of Canada's Credit Rating Assessment Group，CRAG）的统计，从 1970 年到 2015 年的 45 年内，全球主权债务违约总额呈现波动性，并分别在 1990 年、2005 年和 2013 年达到高峰，主权违约债务总额均超过 3500 亿美元（见图 4 - 3）。新兴国家的主权违约债务总额在 2005 年之后逐渐走低，在 2011 年达到新低，随后又呈现增长趋势。值得关注的是，2012 年和 2013 年发达经济体主权债务违约总额分别达到 3124.20 亿美元和 3555.19 亿美元（其中希腊占比分别为 100% 及 59.8%），占据了全球主权债务违约总额的 74.1% 以及 47.3%，表明以往只是在发展中经济体或转型经济体中出现的主权债务危机，也开始出现在发达经济体，而发达经济体主权债务危机对全球经济的影响显然冲击更大。从违约国家占所有国家数量的比例情况看（见图 4 - 4），1970 年为 17.9%，之后开始逐渐上升，1990 年之后维持在 50% 左右，并在 2004 年开始缓慢下行，到 2015 年仍然维持在 30% 以上。

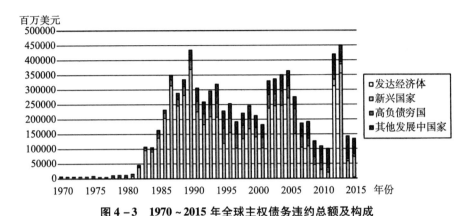

图 4 - 3 1970 ~ 2015 年全球主权债务违约总额及构成

资料来源：Database of Sovereign Defaults 2016, Bank of Canada, http：//www. bankofcanada. ca/2014/02/technical - report - 101/.

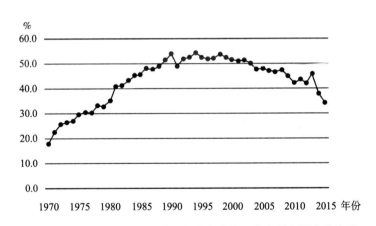

图 4 - 4 1970 ~ 2015 年全球主权债务违约国家占所有国家的比重

资料来源：Database of Sovereign Defaults 2016, Bank of Canada, http：//www. bankofcanada. ca/2014/02/technical - report - 101/.

3. 主权债务违约的未来预期

就目前国际经济形势而言，美国预期加息和中国经济放缓，这些都给全球经济带来了下行压力；原油和其他大宗商品价格萎靡不振，使得依赖于大宗商品出口的大部分新兴国家财政收入降低，货币贬值。另外，由于缺乏货币政策的调控手段，以意大利为首的欧元区国家只能通过财政手段即向银行发行国债来调控经济，而如今欧元区银行业的不良贷款率创出新高，部分银行面临破产风险，这将可能使意大利等国无法发行新债来偿还旧债，进而被迫债务违约。因此，新兴市场以及深受银行业拖累的欧洲国家都有可能将陷入下一轮主权债务违约之中。有经济学家预测，新一轮主权债务违约或即将到来，债务累积和发生违约的周期可长达10年甚至20年。

一般而言，主权债务信用违约互换 CDS 市场基点或模型利差越大，说明主权债券违约的风险越高。从图 4 - 5 可以看出，希腊、葡萄牙、意大利及爱尔兰这四个欧洲重债国的基点和利差都较大幅度超过美国和英国，委内瑞拉等其他依靠自然资源出口的新兴经济体也超过正常值水平。因此，CDS 市场反映了投资者预期欧洲重债国及部分新兴国家未来违约的风险较高。一旦债务国出现较大可能违约或者已经违约，通常的主要应对方式就是与债权人协商进行债务重组。特别是在欧债危机之后，主权债务重组成为应对主权债务危机、保障全球金融稳定的重要手段，在主权债务风险增大的背景下，完善主权债务重组机制也成为 G20 峰会和 IMF 关注的重要议题。

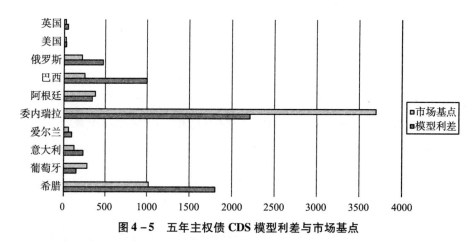

图 4 - 5　五年主权债 CDS 模型利差与市场基点

资料来源：新世纪评级，http：//3g. sanwen. net/a/oosntoo. html.

（二）主权债务重组机制的基本状况

主权债务重组机制经历了一个从无到有、从单一模式为主到多模式并存的发展过程。随着主权国家主要融资方式的转变，巴黎俱乐部、伦敦俱乐部、债券互换等重组机制相继出现并发展起来，逐步形成目前主权债务重组领域"三驾马车"并行的格局。

1. 双边官方债务重组机制——巴黎俱乐部

"二战"后，主权国家外债的主要资金来源由之前的国际辛迪加贷款向政府间贷款转变。1956 年，阿根廷政府宣布无力偿还其所欠债务，随后阿根廷及其债权国代表在巴黎进行谈判，就重新确定到期债务的还款日期进行协商。从此，通过多边会议的形式协商双边官方债务重组的做法被不断沿用和完善，"巴黎俱乐部"由此而得名。截至 2015 年，巴黎俱乐部已经先后达成 433 项协议，涉及 90 个债务国，涵盖的总债务金额达 5830 亿美元①。

2. 国际商业银行贷款重组机制——伦敦俱乐部

随着国际商业银行贷款在主权债务中占比的不断增加，对国际商业贷款的主权违约事件也不断增加，需要建立相应的机制来处理债务国与私人部门债权人的债务重组问题。1976 年相关银行召开代表会议，商讨对扎伊尔（刚果民主共和国）的债务重组事宜，这被认为是伦敦俱乐部的第一次会议。此后，这一做法被不断沿用，伦敦俱乐部作为国际商业银行债权人与债务国之间的债务重组机制逐渐完善和发展，由此形成了巴黎俱乐部与伦敦俱乐部两大主权债务重组机制并行的局面。

---

① 《加入巴黎俱乐部对中国有何利弊？》，中国新闻网，2016 年 9 月 12 日，http：//www. chinanews. com/cj/2016/09 – 12/8001893. shtml。

3. 国际主权债券重组机制——债券互换

20 世纪 90 年代以来，债券融资逐渐取代银行贷款成为主权国家最主要的融资方式。在债券融资方式下，债权人高度分散，且具有较强的流动性，传统的通过债权人和债务国进行集体谈判的重组模式无法继续适用。在这种背景下，债务互换作为一种新的重组方式逐渐兴起。1994～2010 年，俄罗斯、乌克兰、阿根廷等 14 个国家共进行了 18 次债券互换，总金额达 1017 亿美元①。至此，主权债务重组领域中"三驾马车"并行的格局形成。

（三）主权债务重组面临的主要困境

主权债务重组对债务国与债权人而言都是较为有利的选择，但实践中债务重组的效果并不理想。据统计，1983～2012 年，在 99 个 IMF 债务重组案例中，仅有 1/3 通过债务重组成功"治愈危机"，而在经历重组的 44 个国家中，有 86% 的国家经历了不止一次的债务重组②。目前主权债务重组面临的主要困境一是集体行动条款的局限性，二是对主权债务合同中"同权条款"解释的分歧。

1. 集体行动条款的局限性

随着主权债务持有者的数量增多以及类型多样化，不同债权人的利益诉求差距加大，通过协商达成债务重组协议的困难相应增加。同时，重组过程中一些债权人不合作的现象比较突出，因为有可能通过法律诉讼获得全额赔偿，所以一些债权人可能拖延或者拒绝参加债务重组，这就是所谓的"集体行动问题"。自 2002 年以来，许多主权债务合同开始加入"集体行动条款"（CAC），其中发行国最常选择采用的是多数修改条款和多数执行条款。

---

① 陈曦、于国龙：《主权债务重组的"两大难题"》，财经网，2016 年 9 月 9 日，http://magazine.caijing.com.cn/20160909/4174786.shtml。
② 黄文涛、董敏杰：《主权债务重组：困境与前景》，和讯网，2016 年 9 月 6 日，http://bond.hexun.com/2016-09-06/185891404.html。

多数修改条款是指合格多数的债权人（占债券价值总额 75% 的债权人）在必要时可以对债券合同中的一些核心条款进行修改，并且全体债权人都要受到修改后的新条款的约束。多数执行条款，指合格多数债权人可以限制少数债权人在发生违约后执行债权的能力，如即加速到期、分享收益等。尽管集体行动条款能在一定程度上解决"集体行动问题"，但从目前来看，其作用仍较为有限：

其一，目前国际主权债券市场上仍有部分存量债务未加入"集体行动条款"，这限制了"合同方法"在债务重组中的作用。其二，"集体行动条款"通常是在债券发行合同中约定，不同债项的"集体行动条款"可能存在差异，因此针对不同项目的债务需要分别谈判，而且达成的重组协议也仅适用于该项债务，难以对受援国的其他债务产生约束力。其三，大多数"集体行动条款"采用的是分项投票规则，合同条款的修改需要合格多数债券持有人的同意，如果反对修改的债权人超过一定比例，该条款就难以发挥作用，这就赋予单项债务持有额较大（超过债务本金的 25%）的债权人"一票否决"权，增加了债务重组的难度。最后，即便是最终达成债务重组协议，合同条款的修改仍需要经过与不同类型的债权人进行反复的协商谈判，耗时较长，达成的协议对债务状况的改善作用往往不是很明显，导致受援国需要重复进行债务重组。

2. 对主权债务合同中"同权条款"存在争议

在企业债务合同中，"同权条款"的含义较为明确，即在企业破产后的债务清偿过程中，非担保债务的债权人为同等顺序受偿人，按债务额比例分配财产。而在主权债务领域，由于不存在主权政府破产清偿这个过程，对"同权条款"的解释存在着争议。对"同权条款"的传统法律解释是：该条款将保护债权人免于债务人使其他债权人的债务等级高于自己债务的威胁，也就是说债权人享有同等的法定受偿顺序，其目的是保护债权人的利益，防止一些国家通过法律途径（例如公证）降低部分债权人的受偿顺序。这种解释的推论是，只要不通过法律途径降低部分债权人的受偿顺序，债务国在实际偿还债务时可以自主选择偿还顺序，这种情形不被视为违反"同序条款"。这种解释也是国际社会普遍接受的解释，可简称为"法定顺序解释"或"狭义解释"。但在20世纪90年代出现了新的解释，认为"同权条款"意味着同等级的债券应该得到各方面完全平等的偿付（包括偿付顺序、偿付对象等）；如果没有足够的资金偿付所有同等级的外债，那么所有债权人应该得到"按比例的"（Ratable）偿付。根据这种解释，债务国在偿还某债权人的债务时，必须按比例支付其他所有债权人的债务，否则将被视为对"同权条款"的违背。这种解释通常又被称为"比例偿还解释"或"广义解释"。在2000年艾略特诉秘鲁的案例和2014年阿根廷案例中就采用了这种解释。

然而，秘鲁案和阿根廷案判决基于的同权条款广义解释却遭到了质疑，法律界和评论界人士多数不认同对"同权条款"的过度解读：第一，在主权债务重组实践中，区别对待各类债权人十分常见。出于多种考虑，债务危机中债务国通常优先偿付贸易伙伴或国际金融机构（例如国际货币基金组织、世界银行等），而与其他类型的债权人协商债务重组。如果同权条款的广义解释成立，则类似艾略特案的诉讼应该早就在历史上的主权债务危机中出现。第二，如果同权条款的广义解释成立，那么债务合同中将出现很多重复条款。企业债务合同中常见的所谓"分担条款"（Sharing Clause，通常为4~5页），来确保合同涉及的各方债权人得到按比例的偿付。如果同权条款的广义解释成立，则"同权"一词已经包含了上述分担条款所要表述的全部内容，合同起草者根本没有必要重复同一内容。第三，对主权债务合同国际准则的修订过程也显示同权条款的狭义解释被广泛接受。1998年，债券市场的公共部门参与人（主要是巴黎俱乐部和国际货币基金组织）建议，将企业债务合同中的分担条款引入主权债务合同中，但这一动议当时受到了市场投资者的强烈反对，因为投资者并不愿意承担与第三方债权人分享自己已经收到的所谓非按比例偿付金额的义务。更重要的是，如果"比例偿还解释"被广泛接受，将增加债权人成为"钉子户"的动力，进一步加大未来主权债务重组的阻力和难度。

（四）G20 在完善主权债务重组机制上发挥的作用

完善主权债务重组机制方面，G20 杭州峰会的公报中指出："G20 支持继续将加强的集体行动条款和同权条款纳入到主权债务中，强调债权人和债务人之间进行对话、在与主权债务还款相关的风险累积的情况下及时达成一致的重要性。"同时 G20 重申"巴黎俱乐部作为国际官方双边债务重组的主要国际论坛应适应不断变化的官方融资结构。G20 支持巴黎俱乐部目前开展的更多地纳入新兴市场债权国的努力。"表明 G20 希望在完善主权债务重组机制方面做出如下努力：

1. 推广加强的集体行动条款

（1）从"分项投票规则"到"单一投票规则"的演变。对于当前主权债务合同中的"集体行动条款"采用的分项投票规则存在的不足，IMF 在 2013 年就表示，将对"集体行动条款"进行改革，2014 年则进一步提出了改革建议，核心是引入以"投票规则菜单"。"投票规则菜单"实际上包含了多种投票规则，其核心是"单一投票规则（Single Limb）"。根据"单一投票规则"，当同意重组的债权人达到一定标准（债权人持有债务占总债务本金的比重超过 75%）后，纳入重组的各项债务均达成重组协议。在从"分项投票规则"到"单一投票规则"的演变过程中，单一债权人对债务重组方案的影响力实际上逐次减弱，债权人如想保持对重组方案的"一票否决"权，需要投入更多的资金，这将增加债权人谋求成为"钉子户"的成本，有助于提升债务重组参与率。

（2）对不同类型主权债务的重组进行统一和规范。针对不同债项的"集体行动条款"可能存在差异的不足，一些专家和学者提出建立全球性债务重组法律框架的构想，以便对不同类型主权债务的重组进行统一和规范。2001 年 IMF 副总裁安·克鲁格（Anne Krueger）提出建立"主权债务重组机制（SDRM）"的设想。其核心一是通过国际条约的方式将三大主权债务重组机制中的一些原则以国际法的形式确定下来，形成对所有债务重组具有约束力的法律框架；二是将多数表决条款（类似于债券互换中的集体行动条款）应用于所有类型的债权人，以抑制不同类型债权人之间的协作问题，缩短重组谈判时间，提高重组效率。

2. 将加强的同权条款纳入主权债务中

对于主权债务中"同权条款"的争议，无论是 IMF、国际清算银行还是投资者与学者，大都认为，这种解释不符合国际社会的普遍认识，将会降低债权人参与债务重组的动力，增加未来主权债务重组的难度。一些学者建议，在主权债务合同中应明确"同权条款"的含义。国际资本市场协会（International Capital Markets Association，ICMA）建议扩充当前主权债务合同中的"同权条款"，明确表示该条款的含义为"债权人享有同等的法定受偿顺序，但并不要求同比例偿还"。IMF 在其报告中表示，支持并致力于推广 ICMA 的这一做法。可以看出，对"同权条款"的完善实际上是对传统"法定顺序解释"或"狭义解释"的进一步明确，也是对由阿根廷案例引起的对该条款混乱解释的"拨乱反正"。在 NML 资本公司对阿根廷政府胜诉的背景下，IMF 的建议无疑能在很大程度上打消投资者的疑虑，减弱债权人谋求成为"钉子户"的动力，降低主权债务重组阻力，进而有助于推动主权债务重组更顺利地达成。

3. 支持巴黎俱乐部更多纳入新兴市场债权国

巴黎俱乐部，是以西方发达国家为主导的官方债权人非正式组织，是主权债权人重新协商对其他国家官方信贷的重要论坛（官方信贷包括债权人政府发放的贷款、提供的保险或担保）。它致力于减免或重新协商俱乐部各成员国对发展中国家的债务，是处理与发展中国家债务关系的国际利益协调机制。巴黎俱乐部现有 21 个常任理事国：澳大利亚、匈牙利、比利时、加拿大、丹麦、芬兰、法国、德国、爱尔兰、以色列、意大利、日本、荷兰、挪威、俄罗斯、西班牙、瑞典、瑞士、英国、美国、韩国（2016 年 6 月加入）。这21个国家除俄罗斯外，都是 OECD 国家。而从对外投资日益增长的体量来看，一些新兴市场债权国对主权债务重组机制及集体行动达成将发挥越来越重要的作用。在巴黎俱乐部成立60周年大会上，IMF 总裁拉加德就表示，随着中国和巴西等新兴市场国家成为大债权国，巴黎俱乐部应该吸收更多国家加入。巴黎俱乐部希望这些国家加入，一方面是为了让其承担更多的国际义务；另一方面是为了增强巴黎俱乐部自身的国际影响力。同时，庞大的对外债权规模使得新兴市场债权国对外债权的态度和政策具有较明显的"溢出"效应。如果加入巴黎俱乐部，相关政策在出台前会经过俱乐部内部更加充分的协商沟通，对西方国家来说"溢出"效应的冲击将减小。因此，G20 支持巴黎俱乐部更多地纳入新兴市场债权国。

当然，巴黎俱乐部的债务处理原则与执行规则并不是强制性的，也不涉及明确的惩罚机制，具备软法的性质。由于软法本身具有强制能力弱、地位不明确和内容固定性较弱等缺陷，导致巴黎俱乐部的规则约束也表现出相类似的弱点。这也是 G20 重申巴黎俱乐部应不断完善，从而适应不断变化的官方融资结构的原因。

四、G20 与完善更加稳健恰当的跨境资本流动监管

跨境资本流动是经济全球化的伴生物，推动资金在全球范围内有效配置，并且带动先进技术和管理经验的传播与流动，有助于全球经济增长。同时，跨境资本流动具有逐利性、顺周期和易超调等特点，短期内资本大规模无序波动可能对经济金融带来冲击。从历史上看，新兴经济体曾多次出现跨境资本"大进大出"，引发系统性金融风险。金融危机后，国际社会的一个重要共识就是加强国际宏观经济和宏观审慎政策合作，共同维护金融稳定，防范系统性风险。

（一）跨境资本流动监管的现状与存在问题

当前，全球金融局势存在较大的不确定性，美联储进入加息周期、英国

退出欧盟等事件加剧了金融市场的波动，跨境资本流动呈现出流向逆转、波动加剧、短期化和投机化等特征，跨境资本流动管理将面临更大的压力。

1. 跨境资本流动的特征

首先，跨境资本流动方向发生逆转。开放经济条件下，一国货币政策除了对国内消费、产出等经济变量产生影响外，还会通过对外经济金融交往的各种渠道对其他国家的经济产生影响。美元作为世界最重要的国际货币，美联储货币政策的变化常引发全球范围的资本流动。2008年国际金融危机后，美国等主要发达国家纷纷开启量化宽松货币政策，从而促进了国际资本从发达国家流向资本收益更高的发展中国家、欠发达国家及地区。2014年10月美联储结束第三轮量化宽松货币政策后，在经济总体复苏背景下，2015年12月17日，美联储正式宣布加息，启动新一轮加息周期。此后，美联储又分别于2016年12月15日和2017年3月16日两次宣布加息，未来，美联储的加息步伐可能会有所加快，美元将大概率延续强势。美元加息意味着美国经济复苏，处于美国的外部投资收益增加，美国和其他国家之间的利息差缩小，大量美元资金回流美国，新兴经济体再次面临资本流出的压力，流动性紧缩。IMF世界经济展望数据显示，2015年美国资本净输入规模达到4600亿美元，同比增长18.3%，增速比上一年增加了14.8%，占全球资本输入总额的38%。国际金融协会的有关资料也显示，2015年新兴经济体总体资本外流，非居民资金流入总额降至410亿美元，远低于2010～2014年2850亿美元的平均水平。[①]

其次，跨境资本流动呈现明显的波动性。国际资本流动带有很大的逐利性和避险性，对一国宏观经济基本面的短期变动十分敏感，而地缘政治风险及国际金融市场动荡加剧等一系列不确定性因素的增多，使得跨境资本流动的波动将更加频繁。目前，发达国家和新兴市场国家在货币政策理念上存在较大的差异。发达国家普遍希望货币政策目标单一化，并实施市场化的汇率

---

① 张茉楠：《金融周期视角："美元环流"与全球资本流动风险》，载于《金融博览》2016年第14期。

制度；新兴市场国家则不希望汇率出现较大波动，大多采用浮动汇率或管理浮动汇率与美元相对接。由于美元在加息周期叠加背景下强势上涨，众多国家和国际金融机构将其作为避险储备货币，增加了对美元与美元资产的投资，这引发了各国货币相对于美元的贬值。新兴市场货币外流加剧，全球竞争性贬值的可能性正在上升，有的国家甚至主动让本币贬值，希望通过贬值以刺激出口经济的增长，从而创造更多新的就业机会。2017年特朗普当选美国总统。他一直主张通过美元的"竞争性贬值"，提高美国产品的竞争力。与此同时，近年来，新兴国家的经济实力不断增强，货币政策的影响力日益扩大。2015年12月，IMF宣布人民币正式纳入特别提款权，人民币在国际货币体系中的地位和角色不断上升，这将加大人民币对国际投资者的吸引力，推动各国央行与国际资产管理机构持有人民币进行避险，加剧跨境资本流动的波动性。

最后，跨境资本流动渐趋短期化、投机化。随着世界各国金融市场的发展以及全球经济金融一体化程度的日益提高，各个国家或地区的金融市场之间、不同类型的金融市场之间已相互贯通，资金不但能在某一类市场上实现跨国界的流动，而且能在不同类型市场之间迅速转移。加之大数据、互联网等高科技信息工具的兴起，金融交易已经能够24小时不间断进行，跨境资本流动短期化的倾向渐趋明显。同时，由于风险管理工具的多元化，也使风险套利活动更加频繁，在资本逐利的天然本性驱动下，以投机为目的的短期跨境资本流动日益增加，并通过自我强化产生羊群效应。据IMF估计，国际金融市场几乎每天都有上万亿美元的资本在世界金融市场伺机进行投机，特别是那些寻求短期汇率和利率变动收益的证券投资基金与对冲基金。全球外汇市场的日名义平均交易量高达4万亿美元以上，大约是世界日平均实际贸易额的50倍[①]，这意味着世界上每天流动的资金中只有2%左右真正用在国际贸易上。

2. 跨境资本流动管理存在的问题

金融危机发生以来，很多国家已经认识到，跨境资本的不稳定流动会引

---

① 熊园：《谨防资本外流对我国金融稳定的冲击》，载于《金融博览》2017年第3期。

发各种金融风险，仅靠市场的力量无法有效避免危机，而政府对金融体系的适度干预有助于维护金融系统的安全和稳定。国际资本的流动正在从放任自流向加强管制的方向演变。IMF 于 2010 年 2 月发布的一份报告《资本流入：管制的作用》认为，在某些情况下，对新兴市场的资本流入进行管制，可以有效降低市场的波动性。这份报告的出台传递了一个重要的信息：IMF 关于资本管制的立场从反对转变为一定程度的肯定。当资本跨境无序流动造成系统性风险时，通过资本管制限制跨境资本的流入或流出，成为稳定汇率和稳定经济金融系统的一项重要工具选择。许多国家通过各种管制措施影响外国投资者和本国居民的跨境投资能力与方向。但是，目前全球各国对跨境资本流动的管理仍存在一些问题。

首先，国别化的金融监管无力应对跨境资本流动风险。跨境资本流动对一国产生的经济金融效应会随着流入国国内的金融发展水平、宏观经济政策和制度质量的差异而有所不同。相较于发达国家，发展中国家金融体系欠发达、金融结构不合理、金融监管不力、缺乏恰当的银行监管和法制质量较差等问题突出，导致金融资源配置效率低下，信息不对称现象十分严重，逆向选择和道德风险加剧。当跨境资本流动方向逆转，外流现象严重时，控制资本流动的立法可能产生传染性效应。如果一个国家在金融危机时或接近金融危机时对资本流出进行限制，同等发展程度国家的投资者可能会开始担心，第二个国家会采取相似限制，并随之做出回应，把资本从第二国转移，从而使危机不断蔓延并恶化。国别化的金融监管越来越无力应对跨境资本流动所产生的负外部性。危机以来，很多国家都成立了专门的宏观审慎监管机构以应对复杂的、跨部门的系统性风险，但从全球来看，跨国家的、跨司法管辖区的系统性金融风险仍然没有得到宏观审慎监管的庇护。各国监管者之间往往存在沟通不畅、利益冲突等问题，很难有效监管全球性的金融机构。母国监管者往往缺乏足够的专业技术和充分的信息来正确地理解其庞大且复杂的业务和风险状况，只能依靠金融机构本身的风险模型进行监管，大大影响了监管的效果。而东道国监管者更是可能只对处于他们管辖区内的业务部分才有所了解。一些监管者对短期利益的追求使得国际金融监管中的"囚徒困境”问题始终存在。

其次，跨境资本流动的国际监管协调机制不畅。跨境资本流动本质上具有国际性，任何跨越某一边境的资本运动都至少包括两个国家，要对资本流动实施有效监管，显然离不开区域和国际间的金融监管协调与合作。但是，目前发达国家与新兴国家之间存在较为尖锐的利益冲突，发达国家要为其国内的金融资本在全球范围内追逐利润服务，要求发展中国家减少资本流动限制。新兴市场国家则主张在金融市场运行机制和汇率形成机制不健全的情况下对国际资本尤其是短期资本的无序流动进行严格监管。发达国家是现行国际游戏规则的主要制定者，代表发达国家的利益，却不一定符合新兴市场国家的利益；大多数新兴市场国家在全球金融治理中的利益是一致的，但由于它们的发展仍处于初级阶段，掌握的话语权十分有限，而且不同国家在价值观等文化方面存在很大的差别，难以形成统一的联盟，这加剧了跨境资本流动监管国际协调的难度。

目前，全球双边和区域的投资协定达到 3300 多个[①]，较为碎片化，多边投资协定的尝试一直较难推进。大多数涉及资本流动的国际协定设计目的在于消除或限制可能阻碍资本跨境自由流动的监管行为。2013 年 OECD 颁布的《资本流动自由化准则》就是其中最重要的一个。它是一个正式的成员国协定，基本目标在于消除汇率与资本控制。根据该《准则》，OECD 成员应逐步废除资本运动的控制，达到经济合作的必要程度。许多国家也通过双边或地区性投资协定对资本流动做出了正式的国际承诺，这些协定一般都包括避免对资本输入及相关转移进行限制的承诺。例如，WTO 服务贸易总协定（GATS）使签约国承诺对金融服务部门放松监管，包括服务部门与贸易有关的资本转移。该条约规定，成员国不得对与基于协定的特定承诺有关的国际支付和经常性转移进行限制。《北美自由贸易协定》（NAFTA）也涉及金融服务贸易，包括一些跨境投资，其对签约国实施相关转移限制做出了规定。但这些双边、区域性及多边协定没有为解决国内有关跨境资本流动制

---

① 黄修眉：《规范资本流动中国催生首份 G20 全球投资指导原则》，载于《每日经济新闻》2016 年 9 月 2 日第 7 版。

度的外部效应提供监管工具，特别是溢出和传染问题。事实上，这些调整资本流动的法律框架大都不是出于监管流动资本的目的而设计，呈现明显的分散化特征，不利于监管目标的实现。为了促进国际贸易与投资，这些协定一般要求签约国为跨境资本流动消除障碍，并允许管理资本流入与流出时拥有广泛的不同程度的灵活性。这种基于国际协定产生的促进相关资本流动的义务进一步阻碍了各国对全球资本流动监管的国际协调。

（二）跨境资本流动监管的变革要求

国际资本流动的非理性和易变性是新兴市场国家金融危机乃至全球金融动荡的根源之一，在全球金融经济一体化的大背景下，国际资本流动更加频繁与庞大，资金流动更加隐蔽快速，风险也更具传染性。现行的全球金融监管体系越来越无力应对跨境资本流动所产生的负外部性。因此，迫切需要加强对资本流动的监测与管理，最大程度降低跨境资本流动带来的冲击和破坏。

1. 建立健全跨境资本流动综合监测与风险预警体系

金融风险往往是在积累一段时期后逐步形成，在爆发前它们经常会由一些指标得以反映。从防范金融风险的角度看，提升对风险的早期识别和预警能力尤为重要。为了在全球范围内实现对跨境资本流动的有效监管，必须加强统计监测，建立严密的风险预警系统，这是防范金融危机的第一道防线，也是金融危机后国际社会一致达成的共识。当前，需要建立健全跨境资本流动综合监测、预警与管理体系，建立应对资本跨境流动的有效机制。研究并设计出一系列用以反映包括跨境资本流动风险在内的金融风险指标体系，建立涉及多部门、多币种的立体化跨境资本监测管理系统，建立一个集中、统一、高效的金融信息资源库，实现跨境资金统计的全覆盖，以提高资本跨境流动的透明度；健全跨机构、跨市场横向监测手段，实现信息共享，提高预警水平和监测效率，实时监测跨境资本的来源和流向，对各类性质、各类币种和各类主体的跨境资本活动进行精准的跟踪，提升数据分析的准确性、及时性和前瞻性，有效识别异常交易，做好风险防范和事前预警，准确判断和评估冲击扩散程度以及传染风险，并做好风险处置的预案，从而使得管理措施更有针对性。

2. 逐步放开资本管制，稳妥推进资本项目开放

当政府无法及时调整经济政策以消除资本外流的经济根源，采用资本管制可将本国的实体经济从动荡的国际金融市场当中隔离开来，可暂时缓解国际收支和货币贬值的压力，为国内管理当局制定政策争取时间。但资本管制不可能为本币提供长时间的保护。如果不能及时解决造成危机的基本经济失衡，单纯依靠资本管制也无法保持资本流动的长期稳定。同时，资本管理的弊端也是明显的，不可避免会加大扭曲和资源配置效率损失，降低生产效率和增长潜力，并容易滋生腐败。资本管制也增加了国际投资者撤回资本的难度，挫伤其对本国投资的积极性，不利于经济增长。各国应在确保国内金融稳定和安全的前提下，通过限制或消除对资本流动的控制，逐步放松对跨境资本流动的管制。当然，资本项目开放是一个长期过程，也是金融体制改革中最为敏感、风险最大的改革，如何稳妥推进资本项目开放十分关键。相关经济体的资本项目开放应以经济体内部的金融发展和内外协调为基础，并与汇率制度改革、利率市场化联系在一起，三者协同推进，相互配合。稳步推进资本项目开放，消除跨境资本流动的障碍，促进金融资源的有效分配及金融风险与国际风险的防范。

3. 建立跨境资本流动宏观审慎监管框架

宏观审慎政策是以一定的政策工具为抓手，通过选择和调整政策工具来达到控制跨境资本流动的目的，是未来跨境资本流动监管的方向所在。宏观审慎政策比严格资本管制更符合世界经济的发展趋势，可以在获得开放经济带来的利益的同时有效防范跨境资本流动所产生的风险。应当尽快建立以跨境资本流动性监管为核心目标和手段的全球宏观审慎监管框架。

新兴经济体为了稳定汇率、获得更多货币政策独立性，需要加强对跨境资本流动的监测分析和评估，大力改造现有金融统计系统，逐步建立起覆盖所有金融机构、金融市场、金融基础设施、市场行为等与跨境金融交易和资本流动相关的信息系统。进一步提高国际收支统计数据透明度，继续扩大数据披露的范围，提高数据发布的及时性、有效性和公开性。同时，大力发展基于防范系统性风险的宏观审慎管理工具，更多运用汇率、利率、税率以及探索新型价格工具调节跨境资本流动，不断完善跨境资本异常流动的应对预案，加快构建外债和跨境资本流动的宏观审慎管理框架。协调与资本项目开放和金融市场开放的关系，注重短期资本流动管理及其对资产估值体系的影响，注重防范发达经济体政策的外溢效应，注重内外风险共振的冲击，坚决守住不发生区域性和系统性风险的底线，保障金融稳定。

4. 加强跨境资本流动监管的国际协调

伴随着近来的全球金融危机，各国已达成共识，必须对跨境资本流动进行监管协调。各国政府不仅日益需要完备本国的立法，以审慎的方法实现资本账户自由化，保证监管弹性，维护金融和经济的稳定。更为重要的是，管理一个国家或地区的资本流动还需要与其他国家或地区的监管进行协调与合作。跨境资本流动本质上具有国际性，任何跨越某一边境的资本流动都至少包括两个国家。如果仅仅从输入国角度对国际资本流动进行管理，不仅效果不佳，而且并不公平。因为，无论是调整宏观经济政策、允许货币升值、加强宏观审慎监管还是实行资本管制，其政策代价基本由输入国承担而与输出国无关。当前，探索构建一个由输入国和输出国共同参与的国际资本流动管理框架，同时在国际与国内两个层面对跨境资本流动审慎监管。通过某种形式的国际协定对国际资本流动进行双向管理，这将是全球金融治理领域的一项重要任务。

针对当前主要经济体货币政策溢出效应、国际资本流动和汇率等问题，应形成一个全球性制度框架。主要发达国家应更好地加强与主要新兴市场经济体的货币政策协调；加快研究货币政策对国内金融周期的调节机制，在维持经济增长和控制金融市场风险之间寻找恰当的平衡；加快研究外部金融环境的冲击对本国金融市场的内溢效应，提高应对能力；同时加强对其货币政策外溢效应的研究，减弱政策对全球经济的不利影响，就其立场和意图加强与外界的沟通。新兴国家也应积极发出自己的声音，提高自身在国际金融监管协调中的话语权，不断争取自身权益，引领整个全球金融治理机制向前发展，为资金流动创造一个稳定、良好的环境。

（三）G20 在完善跨境资本流动监管中发挥的作用

跨境资本流动需要"全球化"的金融监管，G20 峰会这一平台显然能够对此发挥巨大的作用。在历次 G20 峰会上，加强国际资本流动的跨国监管一直是一个重要的议题。2016 年 G20 杭州峰会《公报》指出"我们将继续改善关于资本流动的分析、监测和对资本流动过度波动带来风险的管理。"未来 G20 应继续发挥作用，密切关注世界经济出现的各种挑战与风险，加强宏观经济政策协调，启动国际资本流动管理的全球行动，在二十国集团框架内防范金融风险，促进资本长期健康、稳定地流动，共同维护国际金融稳定。

1. 加强对跨境资本流动的数据收集与风险监测

在金融全球化的大背景下，各国都需要更好地对资本流动进行监测和管理。尤其是在当前国际金融形势不确定性增加导致金融市场波动加剧的背景下，新兴市场和发展中经济体普遍面临资本外流、汇率大幅波动等问题，加强对跨境资本流动的数据收集与风险监测显得尤为重要。为了保证资本在全球内稳定流动，加强对新出现的跨境风险的监测与防范，2016 年 G20 杭州峰会承诺将继续改善对资本流动的监测与管理，包括加强数据收集、弥补数据缺口等，提高识别风险和控制风险的能力，有效应对资本大规模流动所带来的风险。峰会的相关《议程》强调了 G20 在加强数据收集、处理等方面应发挥的作用，提出（1）加强数据收集以更好地识别货币和期限错配，完善针对资本流动变化和驱动因素的分析框架。（2）解决已发现的数据缺口问题，包括在证券统计、部门账户统计、外汇敞口（国际投资头寸－IIP）、国际银行统计（IBS），证券投资协同调查（CPIS）、政府财政统计（GFS）以及非银行企业及其境外子公司（包括其外币资产和对冲工具）的跨境敞口、包含从谁到谁信息的财务账户及资产负债表方面的数据缺口。（3）关注与国际投资头寸（IIP）货币构成数据的收集、处理以及报告。鼓励 G20 成员国提供与国际清算银行（BIS）的国际银行业统计和国际货币基金组织（IMF）的证券投资协同调查相关的数据。

2016 年杭州峰会在加强对跨境资本流动的数据收集与风险监测方面取得了卓有成效的进展。2017 年 7 月，德国将在汉堡举行 G20 峰会，G20 各国应继续巩固杭州峰会取得的成果，不断改善对资本流动及其风险的监测，建立有效而又及时的信息共享机制、风险预警机制，确保各金融市场之间监管信息通畅和信息共享，防范跨行业、跨境乃至跨地区的风险，以帮助成员国更好地应对资本流动挑战。

2. 协调各国宏观经济政策，保障跨境资本稳定流动

在全球经济一体化趋势下，影响一国资本流入和流出的环境与政策可以直接迅速影响到其他国家的资本流动，要保障资本稳定流动，需要各国加强宏观经济政策的协调。2016 年 9 月，G20 杭州峰会公报指出："汇率的过度波动和无序调整会影响经济和金融稳定。我们的有关部门将就外汇市场密切讨论沟通。我们重申此前的汇率承诺，包括将避免竞争性贬值和不以竞争性目的来盯住汇率。"强调二十国集团成员要"避免竞争性贬值"，不能只顾自己国家的汇率需求，不能为了出口优势故意让本国货币贬值。但是 2017 年特朗普当选美国总统之后，不仅主张美元走弱，还多次指责中国、日本、德国等 G20 集团中的盟友，声称这些国家通过让本国货币贬值增加出口竞争力，损害了美国的利益。2017 年 3 月 17 日至 18 日在德国巴登小镇召开的 G20 财长和央行行长会上，美国财长努钦再次重申美国想要"公平贸易"，短期内美元走强将对美国不利。日本央行行长黑田东彦表示日本央行将继续追求强有力的货币宽松，以便实现 2% 的通胀目标。中国方面呼吁，G20 成员国应促进全球贸易和投资，坚定不移地反对保护主义，维护多边体制的有效性。欧洲央行行长德拉吉也表示，G20 领导人应坚持他们的承诺，避免货币战争，鼓励自由贸易。他认为，"这样的声明是过去 20 年或更长时间伴随世界经济增长的稳定支柱。"① 在中德等国的努力下，巴登公报最终保留了"避免竞争性贬值和不以竞争性目的来盯住汇率"的措辞。

面对新任美国政府的强势态度，20 国集团正在努力试图坚持以往的政策声明。未来 G20 成员国应进一步加强宏观经济政策协调，避免竞争性货币贬值，反对各种形式的保护主义，从而将汇率过度和无序波动的不利影响降到最低，在全球统一协调的基础上实现汇率稳定。仔细制定、清晰沟通在宏观经济和结构性改革方面的政策措施，以减少政策的不确定性，将负面溢出效应降至最低，并增加透明度。

3. 总结各国经验，加强对跨境资本流动的国际监管

2016 年 7 月，中国担任 G20 轮值国主席期，促成了全球首份《G20 全球投资指导原则》的诞生②，作为世界首份关于投资政策制订的多边纲领性文件，《指导原则》确立了全球投资规则的总体框架，为各国协调制定国内投资政策和商谈对外投资协定提供重要指导，同时为弥合国家间投资政策利益分化，加强多边投资政策协调迈出了历史性的一步。近年来，发达和新兴经济体关于加强资本流动监管的经验正在逐渐增加。IMF 也将总结各国经验并整合资本流动管理和宏观审慎政策研究，为各国化解宏观经济金融风险提供参考。G20 杭州峰会《公报》提出："我们期待 IMF 资本流动管理方面的工作，包括参考 FSB、BIS 和 IMF 关于宏观审慎政策的各国经验总结。"杭州峰会上通过的相关《议程》再次强调："G20 支持目前 IMF 开展的关于资

---

① 《G20 会议四大看点——美国竟成最大赢家》，中金网，2017 年 3 月 19 日，http：//forex.cngold.com.cn/20170319d1710n129892919.html。

② 黄修眉：《规范资本流动中国催生首份 G20 全球投资指导原则》，载于《每日经济新闻》2016 年 9 月 2 日第 7 版。

本流动的工作，支持 IMF 考虑各国具体国情，将资本流动管理和宏观审慎政策的工作结合起来，为金融和宏观经济的风险管理提供参考。"

目前，FSB、IMF 和 BIS 已经对各辖区在政策工具和框架方面的经验进行总结。FSB – IMF – BIS 联合报告中的经验有助于所有 G20 成员知晓有效宏观审慎政策的发展，并为那些寻求改善辖内宏观审慎管理的监管当局提供有益参考和信息。未来 G20 各成员国应进一步进行沟通，就各自市场的情况交流信息，总结各国经验，不断加强对跨境资本流动的国际监管，从而帮助成员国更好地应对资本流动挑战，化解可能面临的金融风险。

4. 完善跨境资本流动管理的对话协商机制

G20 成员中既有发达国家，也有新兴市场国家，是全球主要经济体的聚合代表。G20 是当前发达国家和新兴经济体平等对话的唯一机制，也是加强跨境资本流动监管的重要机制。要发挥 G20 在跨境资本流动监管中的重要作用，应当在 G20 平台上形成一个针对国际资本流动的全球行动，加强资本流出国与流入国之间的合作协调，形成共同参与、共担责任的机制。2016年 G20 杭州峰会《议程》明确提出 G20 各成员国应不断完善跨境资本流动管理的对话协商机制，具体包括：（1）在现有工作和 IMF 监督报告的基础上，通过 G20 财长和央行行长之间经常性地对资本流动新出现的风险、全球流动性、溢出以及溢回效应进行深入的讨论，对目前 IMF 和金融稳定理事会（FSB）的一年两次的早期预警演练以及 BIS 全球流动性和早期预警指标的工作予以补充。（2）期待 G20 各国与国际机构基于自愿的原则，分享其关于本国和多边早期预警体系和框架的经验，包括其方法。（3）G20 成员国承诺每年开展第四条款磋商，重申每五年进行一次金融部门评估规划（FSAP）评估并公布工作人员磋商结论的承诺。（4）支持 IMF、FSB、BIS 和 OECD 在各自关于资本流动和金融稳定风险的专业领域内，加强相互之间的对话。

未来 G20 成员国应落实杭州峰会成果，从全球视角和利益出发，进一步加强 G20 机制化建设，在 G20 机制下探讨和协商跨境资本流动管理议题时，不仅应关注成员国之间的相互利益，更需考虑到作为整体的全球经济和金融体系，尤其应保证发展中国家和非 G20 成员国家的声音能被听到。这样才能进一步提高该机制的有效性，并引领整个全球金融治理机制向前发展，为资金跨境流动创造一个稳定、良好的环境。

参考文献

1. 张明：《全球货币互换：现状、功能及国际货币体系改革的潜在方向》，载于《国际经济评论》2012 年第 6 期。

2. 张翎，陈莎：《全球金融安全网的现状、问题与政策建议》，载于《海南金融》2016 年第 11 期。

3. 曾繁荣：《全球金融安全网的充足性、有效性分析》，载于《国际金融》2017 年第 2 期。

4. 孙建东：《金融危机救助研究》，西南财经大学 2013 年博士学位论文。

5. 岳华，赵明：《国际货币基金组织治理机制改革的新设计》，载于《经济问题探索》2012 年第 7 期。

6. 刘通：《从主权债务违约诉讼看同权条款》，载于《清华金融评论》2015 年第 8 期。

7. 赵雅婧，李瑞民：《巴黎俱乐部：源起、规则与作用——兼论对中国的启示》，载于《国际金融》2017 年第 1 期。

8. 苏相中：《主权债务危机治理中的集体行动规则》，北京交通大学 2015 年硕士学位论文。

9. 王真：《主权债务重组问题研究》，厦门大学 2011 年硕士学位论文。

10. 徐璐：《新兴经济体跨境资本流动的脆弱性与政策应对》，载于《海南金融》2016 年第 9 期。

11. 李勋：《IMF 对跨境资本流动监管的法律研究》，载于《上海金融学院学报》2016 年第 5 期。

12. 乔海曙，袁丽婷：《跨境股权资本流动与金融稳定——基于发达国家和发展中国家的比较》，载于《中南大学学报（社会科学版)》2016 年第 6 期。

13. 上海发展研究基金会课题组：《全球金融治理：挑战、目标和改革——关于 2016 年 G20 峰会议题研究》，载于《科学发展》2016 年第 4 期。

第五部分

G20 国家社会凝聚力的发展
现状与战略途径研究

社会凝聚力的减弱已成为当今国际社会共同面临的问题。全球化、国际竞争和全球范围社会流动性的增加，文化和利益冲突的加剧，价值观念的多元化，贫富差距的持续扩大以及家庭纽带作用的减弱都使 G20 各国的社会凝聚力面临考验。数字技术和数字网络的快速发展使私人的、高度信任的亲缘关系加强，而削弱了民族、国家等基于公共文化和法律合约的关系。正如彼得·德鲁克所说："民族和国家不会消失，在未来很长时间内，它们可能仍是最强大的政治机关，但它们不再必不可少了。"[①] 经济学家们认为，缺乏社会凝聚力是导致一些国家改革和经济增长停滞和倒退的重要原因。社会学家则将社会不稳定因素的增加归咎于社会凝聚力的减弱。凝聚力建设已成为全球化背景下各国无法绕开的一个难题。

基于上述原因，2017 年 G20 智库峰会将社会凝聚力作为 9 个主要议题之一，这是首次将社会凝聚力的议题提升到这个高度。对社会凝聚力建设的重要性认识并非突然形成。近年来，各国政府对其愈加重视。早在 2007 年第 17 届伊比利亚美洲国家首脑会议上，社会凝聚力就成为了会议主题。该会议将促进社会凝聚力作为拉美各国政府的最重要任务之一；澳大利亚斯坎伦基金会（Scanlon）、澳洲多文化基金会和蒙纳士大学自 2007 年开始每年对澳大利亚的社会凝聚力进行调查和监测；欧盟将促进欧盟成员国的经济和社会凝聚力纳入其章程；加拿大政府开设了旨在提高社会凝聚力的政策研究网；德国贝塔斯曼基金会针对二十几个国家展开凝聚力调查，发布《凝聚力雷达》报告等。

一、社会凝聚力的内涵与构成

自从人类社会诞生以来，社会凝聚力的问题就随之产生，但人类开始认

---

① 彼得·德鲁克：《后资本主义社会》，东方出版社 2009 年版。

识并重视社会凝聚力的历史却并不长。要分析 G20 各国所面临的社会凝聚力问题，首先要剖析社会凝聚力的内涵和构成。

（一）社会凝聚力的内涵及影响

1982 年，法国社会学家埃米尔·涂尔干（Emile Durkheim）首先提出了社会凝聚力的概念，他将其看作一个社会的秩序特征，是指社会成员之间的依赖、忠诚和团结的程度[①]。一个有凝聚力的社会表现在社会各个层面的成员在社会中的归属感以及对社会发展目标的认同度，并通过相互合作来支持社会的共同目标。社会凝聚力对处于不同发展阶段的国家均有影响，对于发展中及转型国家尤为重要。

第一，社会凝聚力有助于推动经济的发展和社会转型。对于欠发达或发展中国家而言，社会凝聚力的建设有助于发展一种共同的使命感和责任感来推动改革和经济增长。社会凝聚力并非指文化的完全一致性或者没有不同意见，它的核心是公众对国家经济和社会改革目标和行为的支持认可度。这种认可度使变革和发展能够获得大多数人的合作和支持，也决定了当经济或社会方面的风险和机会来临的时候人们向着共同的目标一起努力的程度，影响着转型或发展中国家政府政策和制度的变革能力。因此，社会凝聚力是约束发展中国家社会改革和持续经济增长的重要变量，制度转型和经济增长必须以社会凝聚力为基础。

第二，社会凝聚力有助于保持社会稳定，减弱伴随经济增长而出现的负面效应。对于发展中或转型国家来说，经济发展和制度转型本身就意味着有许多不平衡，这一中间状态会暂时或持续性存在，因此改革中不可避免地会出现"社会分裂"现象。曼瑟·奥尔森早在 1963 年的《经济史》杂志上就指出："经济增长——特别是快速的经济增长——经常涉及生产方式的巨大

---

① Jenson, J., & Canadian Policy Research Networks. Mapping Social Cohesion: The State of Canadian Research. Ottawa: Family Network, CPRN [EB/OL]. http://www.cccg.umontreal.ca/pdf/CPRN/CPRN_F03.pdf.

变革。生产方式的巨大变革将引起不同产业重要性的巨大变化、劳动力需求的变化以及产品的地缘配置，并导致人们生活、工作方式和地点的巨大变化。特别是经济增长意味着收入分配的巨大变革……此外，经济增长意味着快速的经济变革，经济变革必然引起社会混乱。明显的，不管经济增长的受益者还是受损者都将成为一种不稳定的力量。"这种不稳定力量将破坏人们的支持和合作倾向。20世纪末拉美国家所出现的"增长塌陷"就被视为凝聚力问题的结果。而在具有凝聚力的社会中，人们相信改革中短期不可避免的损失将被长期收益所弥补，对改革有更持久的信心和耐心。改革者才能够在危机中推进改革。对发展中国家来说，必须保证社会经济的快速增长不会带来社会分裂的后果，是经济持续增长的关键①。

第三，社会凝聚力有助于巩固经济发展成果。一是，经济发展往往意味着国家公民与外界事物的接触增多，观念和意识有所改变。国家遭受更多的移民涌入，文化的多元可能导致社会公众自身新旧价值理念冲突，或与外界的价值理念冲突。一个有凝聚力的社会意味着内部的纽带比较紧密，公众有着共同的理想、目标和利益，具有较强的内部聚合力②，因此不会轻易产生价值理念上的动摇而出现内部矛盾。此外，凝聚力较强的社会对外来者有较强的外部吸引力和强烈的同化能力，能吸收外部力量来巩固社会凝聚力，这也有助于解决内外部的价值冲突问题。二是，经济发展还可能招致社会团体外成员的觊觎和分裂企图。而一个有凝聚力的社会意味着其能够满足成员精神、物质、政治、文化和安全等需求，也就很少有潜在的或实际的可供利用的支点。这能使一个国家或超国家的社会在全球化的冲击中保持社会的稳定和团结。

（二）社会凝聚力的构成

尽管澳洲斯坎伦基金会，德国贝塔斯曼集团，经济合作与发展组织

---

① William Easterly, Jozef Ritzan, Michael Woolcock, Social Cohesion, Institutions, and Growth, Center for Global Development［EB/OL］. http：//cgdev. org. 488elwb02. blackmesh. com/sites/default/files/9136_file_WP94. pdf.

② 刘学谦、何新生、甄翠敏：《国家凝聚力——理论与实证研究》，经济日报出版社2013年版。

（OECD）、英国 CRISE 研究中心（Centre for Research on Inequality, Human Security and Ethnicity）等对于社会凝聚力的具体构成的界定有所差异，但他们均认为这一概念是多因素结构，并在现实中的表现相似。一项在 OECD 社会凝聚力与发展的研究会上发布的、以欧洲 39 个国家为对象的研究显示：高凝聚力国家有更好的经济表现、更加安全、失业率更低、不公正更少、妇女和年轻人更多参与到政治和职业生活中、有更多的社会参与等①。综合不同学者、研究机构对社会凝聚力内涵的阐述，社会凝聚力由三个方面构成（见图 5 - 1），分别为价值观（Value）、社会资本（Social Capital）和社会接纳（Social Inclusion）。

图 5 - 1　社会凝聚力金三角

　　价值观主要涉及理念层面。社会凝聚力意味着社会群体中公众之间存在良性的互动和互惠。然而无论对于哪个社会群体——无论是国家内部，还是超国家社会如欧盟——而言，差异都是不可避免的。政党、民族、阶层、区域以及政府和公众，公众与公众之间都可能在利益、文化、信仰等方面存在冲突。这种冲突阻碍了社会环境内公众的互惠和合作的倾向。为了使社会凝聚力成为可能，一些基本的价值观必须是共享的，这样人们在重要事物的对错判断、选择取舍时才会遵循相似的原则。共享价值观提供了人际互动的标准，促进了社会合作，因此是社会凝聚力的重要组成部分。在一个社会中，共享价值观程度的高低主要表现为人们对于该社会所提倡的价值观的认可

　　① Sylvain Acket, Monique Borsenberger, Paul Dickes, Francesco Sarracino, Measuring and Validating Social Cohesion：Bottom - up Approach, OECD ［EB/OL］. https：// www. oecd. org/dev/pgd/46839973. pdf.

程度。

社会资本主要涉及关系层面。社会资本是资本的一种形式，指为实现工具性或情感性的目的，通过社会网络来动员的资源或能力的总和，它包括结合型社会资本、桥接型社会资本、连结型社会资本三个层面，分别表现了网络关系较为紧密者之同质者间的联系（如家人和好友）、网络关系较为疏远的共同利益者之间的联系（如同事或社区团体），以及不同社会阶层的个人或团体间联系（如国家或大社会）等。社会资本体现了包含上述三种类型的社会成员间和社会群体间的关系数量、质量以及互动，主要通过社会参与和社会信任两个方面来表现。在凝聚力较强的社会中，人们更乐于为实现共同目标或增强共同经历而参与到社会文化、公益活动及政治生活中；也更倾向相信其他个体、组织和政府机构，即有着更高的社会信任和政治信任。

社会接纳主要涉及分配层面，它与社会排斥（Social Exclusion）意思相对。从社会公正出发，社会中的公民都应有相同的权利，获得均等的接受教育、住房、就业、医疗、政治参与等机会。但在现实中，妇女、少数民族、身心障碍、新移民等团体却往往遭遇歧视和不公；或者某些社会阶层在社会资源获取上享有优先的权利。这导致了社会分配不均，容易引发团体、阶层或民族之间的矛盾而增加社会不稳定因素，削弱社会凝聚力，阻碍改革和经济发展。社会接纳正是指无论公众原本的身份和地位如何，在社会中均提供给相同的机会，发展其能力。其核心在于物资资源及非物资资源分配的公平性，反映在收入、失业、贫富差距、教育、社会流动、健康状况和获得社会服务的权利和途径上。

价值观、社会资本和社会接纳构成了社会凝聚力金三角，这一结构因每个因素的存在而得以稳定。历史上，G20 中一些国家曾因为在某一方面的失衡导致了整体凝聚力的下降，也曾从这三方面入手建设凝聚力。

二、G20 国家社会凝聚力的典型案例分析

G20 主要国家在过去的数十年间都在不同程度、不同方面遇到了社会凝

聚力下降及其所带来的一系列经济、社会问题。这些国家经历的挑战和采取的应对策略将对 G20 其他国家未来可能面临的社会凝聚力问题有所启示。

（一）俄罗斯：国家重构前后的价值观危机与应对

苏联解体之后，西方自由主义思潮在俄罗斯兴起，马列主义价值观在意识形态领域内的指导地位被彻底否定。人们开始质疑，甚至推翻原有的价值理念。在混乱的局势下，俄罗斯缺乏对国家层面的价值理念的提炼、传播和寻求认同。价值观冲突和混乱不仅让公众之间缺乏信任和合作的动力，互相怀疑、猜忌乃至攻击，而且使俄罗斯政坛上的各派势力为争夺政权、主导自己的价值理念而频生争斗，导致政局混乱、政策模糊。人们找不到社会价值规范，更勿论对这种规范能采取自觉接受、自愿遵循的态度和服从。凝聚力的丧失使公众缺乏朝共同目标奋斗的动力，这延误了促进民生、政治和经济改革的逐步推行。

伴随凝聚力的丧失，俄罗斯社会生产急剧下降，经济实力大为削弱。从 1991～1998 年，俄罗斯国内生产总值直线下降，只有 1997 年略为增长 0.9%。大中型企业的工业产值、固定资产投资额全部呈逐年下降态势。欧洲复兴开发银行提供的资料显示，如果 1989 年苏联和东欧各国国内生产总值的指数为 100。那么，到 1998 年时俄罗斯下降为 52。从 1990～1996 年，俄罗斯国内生产总值下降了 50%，每一年衰退 8% 左右。1995 年的产值仅为 1989 年的 17%，90% 的人生活在贫困线以下。到 1998 年，俄罗斯人民生活水平大幅下降。严重的经济衰退也引发了俄罗斯的政治危机，整个社会动荡不安。

在挫折与衰退中，俄罗斯意识到了凝聚力建设的重要性，认识到在价值观层面，分解和攻击外来价值理念无法从根本上解决问题，更重要的是明确属于自己国家的核心价值观。普京执政以后，明确了把文化作为经济发展重要因素的战略目标，通过对内探索适合俄罗斯国情的主流意识形态、建立适合俄罗斯国情的"俄罗斯思想"并进行强化，以及用"主权民主"思想应对西方民主政治带来的消极影响；对外实施文化外交，传播俄罗斯的价值理念，俄罗斯的凝聚力再次得以提升。随着主心骨的建立，俄罗斯公众开始再次凝聚，社会进入政治趋于稳定、经济发展良好的状态。从 1999 年开始，俄罗斯经济止跌企稳、恢复增长。在此后 10 年，俄罗斯 GDP 年平均增长速度在 7% 左右，超过了世界经济平均 4.7% 的增长速度，成为世界上增长最快的国家之一。虽然 2008 年受金融危机影响经济下滑，但在 2010 年已出现全面复苏迹象。随着国家经济状况的好转和经济实力的增强，各类社会问题也有所缓解[①]。

（二）美国：“熔炉”中的共享价值观建构与危机

美国的建国开始于那些怀着“美好梦想”来到北美大陆的欧洲移民。在此之后，美国陆续接纳着来自世界各地的移民。因此，其建国本身就决定了“移民大国”的基本定位。移民的身份造就了美国文化的多元性。多元文化固然有助于社会创新，然而也可能引发价值冲突而削弱社会成员间的凝聚力。

美国对文化和价值观问题的解决理念为“一元主导之下的多元共存”。这一方面表明了美国文化的多样性，另一方面强调各种文化进入美国这个熔炉之后所产生的独特的美国性。这就是美国文化的特质，被形象地称为“熔炉文化”。在共享价值理念的建设视角，熔炉文化的核心就是找到数量众多、价值观各不相同的移民们所共同拥有的价值判断。这种价值观从美国建国开始就进行了预设。美国 1776 年的《独立宣言》称：“人人生而平等，他们都是从他们的‘造物主’那边被赋予某些不可转让的权利，其中包括生命权、自由权和追求幸福的权利”。这样的价值理念通过不同的表述被不断加强：比如“美国人普遍相信在任何群体之中总有某些人才非常出众、颇有领导活力，一旦时机成熟，他们即会显露自己，这就是美国文化所强调

---

① 李云智：《软实力视角的俄罗斯复兴》，载于《传承》2013 年第 2 期，第 90～96 页。

的机会均等观念"。这样的价值理念后来被提炼为"美国梦"，认为开拓进取是富民强国的必经之路；只要注重实际，勤奋工作，每个人都会有平等的成功成才机会。

"美国梦"价值观的凝练符合移民者的个人需求，因此可以说美国共享价值理念的塑造是成功的，但这只是第一步，更重要的是如何不断加固和争取更多人的认同。美国充分利用了学校教育和大众媒体传播的力量，塑造大量实现"美国梦"的人物形象，讲述他们的故事，通过显性的学习和隐形的浸润式感染，使这一价值理念深入公众内心。美国共享价值观的塑造在很长的历史时期内发挥了重要作用。带着不同文化烙印的各类人群正是在这样的价值观念支配和驱使中，实现了对自身历史文化传统和"美国精神"的高度自觉、尊重和坚定，凝聚在一起而快速实现了经济腾飞和强国之梦。

在全球化时代，任何国家都无法脱离其他国家而生存。"社会"也不再局限于个体"国家"的社会，而很可能超出国界。此时，社会凝聚力在共享价值理念的构建层面就面临着让其他国家或文化理解并赞同自己的价值观的挑战。美国政府历来重视对外的价值观传播。2002年9月，布什政府明确地将在世界上推进和保卫美国的价值观念和生活方式确立为国家安全战略核心，从国家安全的战略高度来重视美国文化的全球领导力问题，希望能"用清晰、准确和具有说服力的方式向一个正在观察和倾听的世界宣传美国的政策和价值观"。美国利用大众文化产品和品牌的输出、对其他国家的增援、文化和学术交流以及公众外交等传输美国文化和价值观。美国价值观输出策略在全球范围内都取得了一定的效果。很多国家的民众，尤其是青少年群体通过美国大片、流行音乐、人物角色、文化访问等等开始理解甚至接纳美国的价值观①。

然而，单方面的价值观输出却引发种种问题，由于其他国家的文化传统与现实条件不一致，价值理念也必然存在差异。美国国内的共享价值观并无

---

① 周文华：《美国核心价值观建设及启示》，知识产权出版社2014年版。

法成为超出美国以外的大社会的共享价值观。因此，价值观的输出遭到了其他地区和人民的抵制，例如，欧盟国家对美国文化进入欧洲给予强烈抵制，通过树立美国这样一个外部的"他者"形象来彰显欧洲文化的整体性。而强行的价值输出造成了一些地区激烈的文化冲突、政治冲突而导致社会动荡。随着越来越多的国家开始警惕和防范价值输出，美国试图将自己国内的价值观强加给其他国家或地区已经不具可行性。

（三）韩国：财阀依赖型经济增长背后的社会资本危机

社会资本主要涉及处于同一社会网络中公众的关系问题，它决定了社会群体的聚合或松散程度。在过去几年，韩国发生的政治丑闻和商业危机损耗了公众对于政府和企业的社会信任，削弱了韩国的连结型社会资本，进而破坏了其社会凝聚力，让韩国面临风险和挑战。

韩国近年来的政治信任危机并非因一时一事而突然爆发，而是质疑以韩国总统朴槿惠为核心的政府机构长期存在问题的结果。朴槿惠在 2012 年的韩国总统选举中获胜，于 2013 年正式成为韩国历史上首位女总统。然而，在她就任总统尚不满一年之时，就曝出了韩国军方网络战指挥中心四名官员干预大选的丑闻，此后朴槿惠胞弟涉嫌泄密。2014 年 4 月 16 日，造成近 300 人死亡的"世越号"客轮沉没灾难中，朴槿惠失踪约 7 小时，受到公众的责难。2014 年，韩国安全行政部实施的国民安全体感度调查结果显示，近 4 成韩国人认为韩国社会整体不稳定；对于韩国总统朴槿惠提倡的核心国政课题，半数以上国民持怀疑态度。2015 年，一系列政治事件进一步加剧了民怨的累积：前执政党议员成完钟因贿赂风波导致他在任仅仅 70 天便辞职，由"资源外交"贪腐案牵出的官商贿赂黑幕在韩国社会引起轩然大波；而后，韩教育部在韩国在野党、历史学界和教育界的反对声中制定了教科书"国定化方案"；接着，韩国政府在慰安妇问题上对日本妥协；到 2016 年，韩国无视国内外的反对声音，执意决定部署萨德反导系统。直至崔顺实干政丑闻败露，直接导致了朴槿惠被弹劾下台，彻底击毁了其继续执政的合法性。这一事件暴露出来的是韩国政府的"朝纲混乱"，在经过长期发酵之后，它引爆了韩国社会的政治信任危机。2016年11月，民调机构盖普洛发布的数据显示，民众对时任总统朴槿惠的支持率下滑至4%，对其不满意度上升至93%。2016年11月，韩国民众200余万参与抗议朴槿惠亲信干政的集会游行，创下韩国集会规模之最。这是此次事件发酵后的第五次游行。

政治信任危机损害了社会资本中公众与政府的关系。与此同时，引领韩国经济发展的重要龙头企业也接连遭遇危机：三星Note7手机爆炸事件此起彼伏，三星紧急全球召回，品牌声誉遭受重创；韩国最大航运公司、全球运量第七大的航运公司韩进公司遭遇财务危机，向韩国法院申请了破产保护；韩国乐天集团高层涉嫌"亲信干政"案遭检方传讯；韩国第二大财团现代汽车遭遇大罢工，5万名工人要求更高的工资报酬，接近现代在韩国工人总数的75%。这些事件不仅影响了上述企业和相关员工之间的社会关系，更导致了韩国公众对韩国企业信任度的降低。

韩国社会资本的削弱看似由一系列无直接联系的政治问题和突发性经济事件引发，实则有更深层次的发展路径和因素影响。韩国的快速经济增长在很大程度上依赖于财阀。韩国财阀的经营范围涉及了吃穿住用行等各个方面。通过在国民经济中的巨大份额以及企业内部的高额交叉持股比例，以及涉足金融业和媒体等特殊行业，韩国财阀几乎有着掌控韩国经济命脉的能力。以财阀为中心的经济增长模式曾带领韩国经济腾飞，期间产生了政府腐败、官商勾结、收入和财富的不公平分配等现象。自20世纪90年代以来，韩国的收入差距水平一直呈扩大之势。政治矛盾、社会和经济矛盾被大量积累。从凝聚力的构成因素来看，官商联姻背景下公众对于政府和企业组织的不信任使韩国的连接型社会资本受损。早在2003年，亚洲民主调查（Asian Barometer）研究组以东亚和东南亚8个国家和地区的18岁以上成年人为对象进行调查发现，韩国的政治信任度排名最末。韩国社会凝聚力的削弱对韩国经济的放缓有一定影响，更是当下韩国经济社会发展不稳定的重要原因。

（四）日本：经济低迷背景下的企业信任危机与挑战

　　日本企业内部文化深受其传统观念和意识形态的影响，表现出较强的凝聚力。日本的社会经济形态以封建家庭制为基础，有着村社群体意识的封建家庭要求它的成员们建立起和谐统一和亲密无间的关系。而日本企业实际上就是一个大家庭，每个员工都是这个家庭中的一个成员。日本这种封建家庭式的群体意识，渗透于企业管理的各个方面。在日本企业里，集团主义的管理思想灵魂是保持集团内部协调，核心是发挥整个集团的优势，维护整个集团的利益。这种特殊的团队精神一直被认为是日本经济发展的精神支柱。日本索尼集团董事长盛田昭夫曾说过："一个日本公司最重要的使命，是培养公司和雇员之间的良好关系，在公司中创造一种家庭式的情感。"

　　从表面上看，日本企业的凝聚力是在企业的文化建设努力下来自员工对同事和企业无条件、家人般的信任。但事实上，这种信任有着深厚的经济基础作支撑。传统上，日本企业对员工实施终身雇佣制度，重视员工的福利待遇，除了为员工提供宿舍外，工资中还有交通补贴和家属补贴，在各方面给员工以安全感和家庭感染力。企业经常组织员工开展野餐和外出旅游等集体活动，使员工在愉快的环境中尽情交流沟通。在终身雇佣制加上年功序列的制度下，员工随着工龄的增长，其报酬和职务都相应提升，员工不用担心是否会失业，可以埋头为公司苦干。日本全民健康保险制度也使日本国民生活在一个非常安心的社会环境中，对自己所在的企业和国家有着很强的向心力。"考上好学校，找份好工作，工作一辈子"曾是日本人的典型心态。

　　然而，泡沫经济崩溃后的长期经济低迷，造成了日本众多企业的破产倒闭，同时政府也逐渐露出财政恶化的端倪。从 20 世纪 70 年代开始，日本经济发展就开始减缓，近 5 年来实际 GDP 增长值均在 1% 左右。累计高达 GDP两倍的财政赤字，也成为经济成长的巨大障碍。迫于财政的压力，日本政府不得不对原有的社会福利制度进行大规模改革，把原来属于公共服务事业的社会保障服务进行市场化运作。与此同时，曾经炫耀一时的日本式经营方式被当作阻碍企业发展的因素而被抛弃，越来越多的日本企业为了增强企业竞争力，在废除终身雇佣和年功序列等制度的同时，纷纷采用了业绩考核制度和有时限的雇佣制度①。雇佣环境变化使企业仅仅是一个工作的场所，而不再是员工赖以生活的一个群体组织。这给很多日本人带来前所未有的不安。他们不得不改变自己曾将政府和企业视为统管一切的"大家长"的认知，减少将他们视为家人的信任。在从集体主义向个人主义变化的过程中，日本人经历着信任危机，曾经强大的社会凝聚力也有所松动。而"大家长"制的变革又是激发国民创造力和拼搏精神，加强一个国家竞争力的必需选择。如何渡过信任变化过程中的阵痛、建立起现代法律和规范体系下的新信任，从而维系和提升社会凝聚力是日本社会面临的挑战。

（五）印度：宗教和传统影响下的社会接纳痼疾

印度共和国建立后，现代工业体系逐步建立和完善，同时也开始了城市化进程。1950 年，印度的城市化水平约为 17%，2001 年达到 27.8%，2014 年达到 32.27%。城市化进程的加速在彰显印度快速发展工业化成就的同时，也带来诸多社会问题，影响着印度的社会凝聚力，其中最为典型的问题就是社会接纳痼疾的存在。

在凝聚力强的社会中，公民拥有相同的权利，获得均等的教育、住房、就业、医疗、政治参与等机会。但在印度，尽管宪法已明文规定不准阶级歧视，也废除了种姓制度，但受其根深蒂固的传统信仰和种姓制度影响，妇女和低种姓群体却往往遭遇歧视。这种低水平的社会接纳使印度在城市化进程中出现诸多社会矛盾，破坏了社会稳定，也损害了其国际形象。

印度社会接纳问题的第一个相关群体是进城务工的低种姓农民。"达摩"法认为，低种姓的人只能从事低贱的体力劳动，如打扫厕所，平民可

---

① 黄亚南：《从群体社会到个体社会——日本社会凝聚力出现松动》，载于《社会观察》2009 年第 3 期，第 59～60 页。

从事商业和手工业,而高贵的种姓才能从事高贵的职业。因此,入城的农民无法受到公正的就业、住房、医疗等待遇。加上印度城市基础设施建设未能跟上城市化这一进程,进城务工者陷入社会保障和救济制度欠缺的困境之中,他们大量聚集在贫民窟,生活艰难。尽管在进城前这一群体的生活也极度贫困,但进城后他们更直接地接触到其他"上层阶级",产生了严重的"相对剥夺感"和"相对贫困感"。在政府未能解决这一群体基本生活和就业问题的同时,城市居民对入城的农民也有着心理歧视和排斥,包容性弱。印度进城务工者不被主流社会所认同和接纳,逐渐被边缘化。他们的挫折感和焦虑感与城市原住民的排斥感和歧视一起,导致了印度社会紧张的人际关系。

印度社会接纳问题涉及的另一个相关群体是印度妇女。印度是世界上受宗教影响最深的国家之一。作为印度最大宗教的印度教总体来看是歧视妇女的。婆罗门教作为印度教前身,基本奠定了印度社会男尊女卑、夫为妻主性别基调。从宗教信仰为源,从家庭环境、学校教育到社会熏陶,男性中心主义思想不断得到强化。哥伦比亚全球中心在2014年提供的一份报告显示,印度是在健康和生存的性别男女平等上排名最低的国家之一。因为性别偏见,印度存在非常低的男女性别出生比率(出生女性/出生男性)。同时,针对妇女的犯罪,特别是性侵犯和家庭暴力犯罪率也很高。当遭遇性暴力后,很多印度女性选择了沉默。女性对自身生存权乃至生命权的麻木与隐忍,使得性暴力者更加有恃无恐。

根据印度国家犯罪记录局(NCRB)提供的数据,印度记录在案的强奸案件由1971年的2487起增至2011年的24206起,增长率为873.3%。考虑到社会对强奸受害者的歧视、警方的腐败和漠不关心,实际数字要高得多。而犯罪者中有不少都是生活在贫困线边缘、不为主流社会所接纳的群体。2012年,印度更是发生了令世界震惊的"黑公交轮奸案"。随着经济的发展、全球的联通和教育的普及,印度国内不少民众开始觉醒,反抗对女性群体的歧视。印度国内的游行抗议不断,抗议者与警方发生激烈冲突。一方面,印度新旧力量和观念不断对抗,破坏着印度国内的凝聚力,使其犯罪率不断提升，社会不稳定因素增加。另一方面，印度的性暴力事件使其在国际上的形象大大受损，旅游等行业也遭受打击。从国际妇女旅游中心汇编的榜单来看，在2016年对女性游客最不友好的国家中，印度居于首位。不少国家都发出了赴印度旅游的警告。

（六）欧盟："难民潮"背景下的社会接纳困境

20世纪70年代以来，信息技术、交通运输的快速发展和经济全球化促使移民浪潮的产生。此次浪潮中，在欧洲人口需求拉力和发展中国家人口迁移推力的相互配合下，大量人口向欧洲迁移，形成了欧洲移民社会。欧洲各国为了经济发展和社会稳定，吸引外来劳动力，在一定程度上将多元文化主义应用于移民治理。至少从表面上表现出较高的社会接纳。

欧洲各国在推行多元文化主义政策时强调不同文化之间的相互尊重和宽容，允许使用少数族裔语言媒体的存在、支持少数族裔的节日和庆典、允许建立宗教活动场所，甚至为移民子女开办用本民族语言授课的专门学校等。多元文化主义为人们描绘了一个多元文化和谐共存的美好图景。历史上，多元文化主义也使外来移民为欧洲经济社会发展做出了巨大贡献，有力地促进了欧洲一体化进程。

然而，21世纪以来，欧洲移民社会倡导的多元文化主义困难重重。一方面，在对待移民的问题上，在多元文化政策的面纱之下，欧洲各国并没有真正赋予移民政治、经济和社会地位认同，这些移民及其后代很难真正融入主流社会。这使具有较强权利意识的二三代移民或新移民感觉不满，发生了"寻求正义"的示威、骚乱，甚至恐怖袭击，2011年伦敦骚乱、2005年巴黎骚乱，以及2005年伦敦地铁爆炸案均与多种族聚居区的移民有关[①]；另一方面，多元文化主义给欧洲许多国家的原住居民带来了民族焦虑。"欧拉伯"论就反映了欧洲原住居民的典型心态。"欧拉伯"由"欧洲"和"阿

---

① 陈天林：《欧洲移民社会冲突中的多元文化主义困境》，载于《社会主义研究》2012年第1期，第134～136页。

拉伯"两词合成而来，认为多元文化主义政策为伊斯兰教在欧洲的传播大开方便之门，助长了伊斯兰的政治观和价值观在欧洲的全面传播，威胁到欧洲文明的发展。2011 年，德国的一份公开数据显示，1/3 的德国人希望定居德国的外国人回国；2011 年，"挪威惨案"导致几十人死亡，100 余人受伤，惨案制造者为欧洲右翼排外势力，声称要实现欧洲的单一文化。

叙利亚内战在 2011 年爆发后，大量叙利亚人逃到国外并希望在富裕的欧洲居留，除了通过正规途径申请庇护的难民，还有大量通过非法欺骗、甚至偷渡到欧洲的难民。这加剧了前往欧洲的难民潮。一方面，欧洲很多国家有补贴难民的政策，还需要为安置或遣返难民等消耗人力物力，因此欧洲原住民对于这些移民耗费了政府大量福利的批评一度更加激烈；另一方面，短期内大量移民涌入也引发了社会危机。如 2015 年 11 月的巴黎恐怖袭击和同年年底跨年夜德国难民抢劫强奸案等导致了欧洲各国原住居民对这些难民的进一步抵触。欧盟国家长期以来的多元文化主义引发的问题尚未得以解决，新的难民潮又引发了国内公众和政党的意见分歧，甚至引发了欧盟国家内部的矛盾。不少中欧国家抱怨德国"挑选"高素质难民、将之纳为"移民"，而将技术程度低的难民转给其他欧盟国家，称这只会进一步加剧欧盟内部的贫富悬殊，为欧洲整合蒙上阴影。英国脱欧派认为社会欧盟成员国，尤其是东南欧国家的公民大量涌入英国工作定居，导致英国工人阶层工资水平下降，并且分享了英国的社会保障制度，增加了英国本土公民，尤其是年轻人的失业率。难民问题成为英国脱欧的一个重要因素。

新难民潮的冲击暴露了欧盟国家原有多元文化主义所存在的问题，使其不得不降低社会接纳程度。这不仅损耗了欧盟国家内部凝聚力，还导致了曾经作为同盟的国家之间的分裂。

从上述案例可见，社会凝聚力三个构成因素并非独立存在，而是相互影响、共同作用的。例如，对移民的社会接纳程度低就容易导致社会的不公平；社会不公平的加剧又会导致价值观的分裂；价值观的分裂使公众缺乏判断事物的统一标准，从而减少了对他人的信任度；社会信任的下降会降低社会参与的活跃性，反过来阻碍了对外来者的社会接纳，等等。因此，一个社会的凝聚力问题是多方面的，其提升路径也往往是多种手段并用。

三、G20 国家社会凝聚力建设存在的问题分析

全球化与数字技术的发展给全球经济增长带来了新的机会，但同时也在价值冲突、政治信任和社会公平方面给社会凝聚力带来新的挑战。

（一）全球化引发的价值碰撞与冲突

全球化不仅是一个经济变迁的过程，也是人类社会全方位变革的过程。信息通讯技术的发展又将全球化推进到崭新阶段，促使各国原本差距极大的生产方式、生活方式、交往方式和思维方式经过不断变革而磨合、借鉴并发生趋同，并伴随着主流价值观的交流和冲突，价值的冲突带来了经济发展和社会稳定的阻碍因素，这是当前 G20 各国社会凝聚力面临的共同难题。但在不同阵营的国家，又有三种明显不同的价值冲突形式和缘由。

第一个方面是西方发达国家价值观的强势输出在发展中国家导致的价值冲突。以美国为首的西方国家利用全球化推行其政治制度、思想和价值观念，这些文化输出与发展中国家已有的传统的、民族的和相对封闭的文化有着巨大差异，所带来的碰撞与冲突是全方位的。由于发达国家输出的文化与价值观是在更高水平的生产和经济形态下孕育而生的，并经过长时间的沉淀与积累，形成了比较完善的价值体系，因此对发展中国家的民众具有天然的吸引力。这种情况下，一方面是短期内本土与外来价值观的冲突不可避免；另一方面，如果相对成熟的价值体系没有与发展中国家的发展阶段和特殊国情相结合而被全盘照搬，将会导致更大范围的冲突与混乱，欧洲近年来的难民危机就是最好的例证。发达国家在中东地区强行推广所谓的"普世价值"和民主改造，破坏了当地不同宗教和族群间存在的脆弱平衡，导致极端主义和恐怖主义势力借机做大，使得该地区多个国家陷入恐怖活动、国家分裂、

经济凋零、社会混乱甚至是全面战争的困境。西方国家强势灌输的"普世价值"所引发的价值冲突和当地社会凝聚力的崩溃，是近年来引发难民危机所不可忽视的重要原因。

　　第二个方面的价值冲突由西方发达国家内部移民和难民身份认同困难所引发。就移民和难民而言，这两类群体对西方价值观都有所了解，甚至可以说是在这种价值的引导下前往西方国家。但他们在发达国家又会因为面对生活压力和身份认同困境，出现铤而走险，参与各类犯罪活动的问题。难民或移民造成的安全隐患及其他负面影响，又会引起接收国家原住民的担忧，从而诱发对外来人群的歧视与仇恨。这种担忧和仇恨很容易被煽动而引发冲突。恶性循环既加剧了外来人群的身份认同困难，也不断降低整体社会的凝聚力。就西方国家内部情况而言，在应对外来人群的问题上，西方各国一贯推崇"普世价值"，声称接受"多元文化主义"，主张不分性别、种族、宗教、语言和信仰，一个国家的所有民众都应该享受同样的人权。但在难民危机中，欧洲多数政府和民众排外情绪高涨，直接导致欧洲政坛右翼势力迅速上升和"多元文化主义"名存实亡。西方关于难民以及长期的移民问题争论，暴露出"西方价值共同体"对事件评判的"双重标准"，其"普世价值"具有极其浓厚的实用主义色彩，已越来越难以包容"多元文化主义"。就西方国家之间的关系而言，难民潮导致接收国的共同价值分化。围绕如何接收、安置和对待难民，不同党派和群体之间的关系出现紧张。从目前看，难民潮在宗教、种族、文化方面的影响是长期的，难民的安置、接纳和融入过程也是长期的，这对于世界各国的难民政策、民族和宗教政策，以及主流价值观的建设提出了考验。

　　第三方面的价值冲突是发展中国家自身经济发展以及对外开放的副产品：文化冲突与价值失范。文化的演进与经济发展的速度相比，总是相对滞后的。全球化所带来的生产和消费方式的快速变化，以及多种文化的交流与碰撞，必然导致发展中国家传统主流的文化，在合理性上被质疑、反思和批判，并且逐步不再被新一代公众所接受。同时，一种新的文化和价值体系会逐步产生并传播。在传统文化逐步没落，而新的主导文化还未完全建立的过程中，不同的文化和价值观持续冲突、博弈、融合，往往会引发价值体系的无序和失范，如信仰缺失、核心价值混乱、道德困境等问题。其中典型的价值冲突包括三个层面：（1）效率与公平的矛盾；（2）科技理性与人文精神的矛盾；（3）本位思维与生态思维①。文化和价值冲突往往会伴随着经济高速发展和全球化的进程持续较长时间，社会凝聚因此会出现明显下降，进而引发一系列社会问题。这是 G20 各个发展中国家在关注发展与开放的同时不可忽视的方面。

（二）政治信任面临重构

信任是国家凝聚力金三角中社会资本的重要构成，其中民众对于政府的信任又是建立整体社会信任的关键。自 20 世纪 60 年代以来，政府和政治信任在西方发达国家就一直在下降，具体表现为民众对政治问题兴趣下降、政治活动参与减少及投票率的减少。相比而言，G20 中发展中国家政府和政治信任下降的原因更为复杂，影响也更为深远，甚至关系到国家的统一和社会的稳定。整体来看，民众对政府和政治的不信任已经成为全球范围内的普遍问题，而且日益突出。

这种现象的原因深植于现当代社会、经济、文化的发展变化之中。归纳起来，有以下五个关键的影响因素：其一，公民价值的多元化使政府和政治活动很难通过满足公民的政治诉求来获得大部分民众的信任。当政府无法快速、有效回应民众不断增长的、多元化的、要求更高的诉求时，民众对于政府和政治的信任就会逐渐将低。这也是为什么难民安置所带来的社会融入问题影响着整体的社会信任。外来移民的增加就意味着国家内价值更加多元化，在 G20 的发达国家中，除了美国已经形成一元主导多元共存的"熔炉文化"，其他国家长期以来社会信任的高低都受到外来移民社会融入的影响。其二，网络新媒体的快速发展，突破了原有自上而下的消息传播渠道，

---

① 李文珍：《论经济发展方式转变中的价值冲突与调适》，载于《求实》2013 年第 2 期，第 34～37 页。

信息传播变得便捷、成本低廉，这使各类信息——无论真伪——都被广泛传播。原本"秘密"运作的政府和政治活动被公开化，而对这些活动的评述中不乏猜疑、曲解乃至造谣的内容，这严重降低了民众的政治信任和社会信任。其三，现代社会风险易发、多发和突发的特征，使政府难以辨识、防御和管理。由此产生的民众不安全感与对政府应对风险能力的怀疑相互作用，进一步将低了对于政府和社会的信任。近几年全球恐怖主义事件在全球范围的扩大和增加是导致不信任感增强的极端案例。其四，由于民众接受教育的程度提升和信息来源渠道的增加，整体上理性民众的比例增加，他们不再无条件地相信和依赖政府，而更加相信自己的判断。这种原因导致的信任降低，对各国政府而言有积极的意义，能够促进对政府的有效监督。其五，行政腐败动摇政府信任的情感基础，哪怕是由于约束和监督不足所导致的"外观腐败"[1] 也会降低公众对政府的信任[2]。国际货币基金组织（IMF）报告显示，贿赂每年给全球经济造成约 1.5 万亿～2 万亿美元损失，考虑到贿赂只是腐败形式的一种，可见腐败在全球范围的严重程度。

综合来看，现代社会的内在属性以及外部环境的发展变化使得政府信任度不断下降，而信任危机爆发的原因变得复杂多样，也使得政府信任的重建更加迫切，也更具挑战。

（三）贫富差距与失业导致公众社会公平感下降

社会凝聚力金三角之一的社会接纳的核心是关注社会公平。社会成员的不公平感的提升是社会凝聚力下降的重要原因之一，从社会公平的两个维度——机会公平和结果公平看[3]，当前 G20 国家面对的导致社会不公平感的主要因素是贫富差距和失业问题。OECD 的调查显示，发达国家的财富不平等水平接近 20 世纪 80 年代以来的最高水平，其中墨西哥和美国是贫富差距

---

① 即不一定存在真实的腐败，只是政府工作人员的行为让公民觉得其可能腐败。
② 张成福、边晓慧：《重建政府信任》，载于《中国行政管理》2013 年第 9 期，第 7～14 页。
③ 边立新：《我国贫富差距的公平追问》，载于《理论视野》2014 年第 1 期，第 37～40 页。

最大的发达国家。衡量贫富差距的基尼系数在全球国家已经平均达到0.7左右，超过了公认的0.6"危险线"[①]。更严峻的是，伴随着数字技术快速发展，全球产业结构调整还将给不同产业和社会群体带来持续的财富冲击。经济发展过程中，贫富差距使得民众在对比财富增长幅度时产生了相对剥夺感和不公平感。经济发展过程中，由于资源和机会在公众中制度性配置的不均衡，少部分人会利用制度性便利，甚至是非法手段在短期内快速积累财富，站在社会财富金字塔的顶端，而大部分人则处于底层。如果贫富差距不断扩大，公众的社会公平感就会失衡，弱势群体被逐步边缘化。这些问题往往会被弱势群体归咎于政府的不作为，从而对政府、企业、邻里、社会的信任会大幅度下降，并且表现出对政府行为、公共事件和社会活动的冷漠、不屑和抵触的态度，甚至会产生反社会、反政府的心理和行为。除了贫富差距本身产生的社会分层，这些反社会、反政府行为造成的影响也会进一步分化社会群体从而降低社会凝聚力。G20各国需要更加重视由于贫富差距导致的社会不公平感和凝聚力下降。

全社会的就业和失业情况能够反映公众通过合法合理渠道获取生存和财富的机会，同时就业机会获取过程的公平也能够反映社会机会公平的状况。2013年B20会议的一项调查显示，全球有一半的人自己或家人曾经经历过失业的情况，80%的人认为政府在应对失业问题上做得不够。2014年，国际劳工组织、世界银行和OECD联合发布G20国家就业报告指出，大多数G20国家存在很大的就业缺口，并且就业质量仍令人担忧。国际劳工组织2016年发布的报告显示，2015年全球失业人口接近2亿人，比2007年经济危机前增加了270万人，未来两年的失业人数预计还将继续增加340万人。2015年，发达经济体的失业率为6.7%，新兴经济体和发展中经济体，巴西、中国和石油生产国的就业前景进一步恶化。这些国家中缺乏保障的脆弱就业人数占总体就业量的46%，涉及大约15亿人口[②]。失业会给大部人带

① 习近平：《建设包容型世界经济，夯实共赢基础》，新华网，http://news.xinhuanet.com/world/2016-09/03/c_129268301.htm.2016-09-03。

② 国际劳工组织：《全球失业率在2016年和2017年将继续上升》，联合国，http://www.un.org/chinese/News/story.asp?NewsID=25492.2016-01-19。

来生活的压力,高失业率也会对就业人口带来职业稳定性的忧虑,冲击着公众的社会安全感。尤其是,对于那些刚从学校走入社会的年轻人而言,失业会对他们造成重大打击,也会对认识社会的机会公平产生很大的负面影响。2014年,Y20提交的报告显示,G20各国的青年(15~24岁)平均失业率达到16%。这种情况如果不改善,G20各国将面临社会紧张气氛加剧和凝聚力下降的风险。

遗憾的是,过去数年G20峰会关于就业问题的集体承诺大都没有兑现。根本原因在于目前仍然没有建立国际经济协调机制,无法通盘考虑G20已承诺目标的相对复杂性和重要性。兑现和执行的困难具体来自三个方面:一是联合国的"2015年后发展议程"中大量关于教育、就业等方面的议程内容与G20峰会的承诺并不吻合;二是全球层面的碳减排要求,导致G20主要国家经济增速放缓,从而加剧了就业压力;三是发达国家为减少财政赤字,采用了量化宽松的政策,对一些发展中国家造成经济和就业方面的冲击。

四、G20提升国家社会凝聚力的战略与路径分析

社会凝聚力的构成要素和影响因素很多,因此由于经济基础、政治环境、宗教文化的差异各国提升社会凝聚力有各自不同的实现路径。但在公共价值、社会信任、社会参与、国家形象和社会公平方面有可供相互借鉴的策略方案与合作机制。

(一)创造并维护公共价值,增强社会价值认同

西方推动的"普世价值"给中东国家带来了灾难,给欧洲带来了难民危机,这不仅凸显了"普世价值"本身存在的悖论和困境,也令G20其他国家更深刻反思:如何建立适合自身发展水平和人文特点,又能反映世界发

展趋势的公共价值体系。

在创造公共价值的环节，首先，"和平与发展"应成为各国，尤其是发展中国家建立共同价值的基础。没有和平，自由、民主、人权将难以维系；没有发展，自由、民主、人权基础非常脆弱①。其次，通过不断识别、聚合公众偏好来创造公共价值。公共价值的创造过程应体现政府对公民期望与诉求的回应，通过不断地改革创新，不断满足公民的需求。再次，公共价值创造的过程应是政府主动识别世界环境发展变化的过程，以具有战略性和前瞻性的眼光识别潜在的问题和面临的机遇，并进行积极的提炼与创新。最后，公共价值的创造过程还应体现政府的责任和伦理，引导和塑造公众期望，以构建健康、和谐、开发和可持续的公共价值观。

在维护公共价值的环节，各国首先应将公共价值作为政府坚守的基本理念，在维护公共价值过程中，体现政府的公平正义。其次，维护公民广泛且平等的权利不因个人性别、种族、收入和地位的差异而受损，不被特权和金钱所侵袭。再次，在社会二次分配体系中体现公共价值，创造平等机会、维护正当权益和保障基本福利。最后，国家工具应保证每个个体平等地适用法律和各项规章制度。

在 G20 各国的交流和全球化过程中，公共价值不可避免地会遭受冲击。各国应尊重差异，以价值共存为前提，以发展为动力，以冲突为契机，在相互交流和影响中走向文明。各国的交流应以和平为基础，以开发为手段，不断扩大价值共识，化解价值冲突，推进经济与社会的发展。各国参与全球化的过程，应是追求共赢、价值共享的过程，而不是强势文化和价值观输入输出、优劣比较的过程。在认识文化和公共价值具有自我发展、不断进化的特性基础上，抛弃保守主义和自我主义，实现价值共享、取长补短。

（二）提升政府表现与透明度，建立广泛的社会信任

提升政府的表现与透明度是重建社会信任的关键。首先，各国应提高公

---

① 张维为：《欧洲难民危机与"普世价值"的困境》，载于《求是》2016 年第 4 期，第 56～58 页。

职队伍的人员素质，加强对公职人员的道德教育，抑制各种腐败行为。提高公职人员的专业水平和服务态度，从而提升政府与公众互动的质量，在互动过程中建立信任。公职队伍人员的素质提升，能够带动社会风气的根本好转，从而使政府与公众以及公众之间的关系呈现良性互动。

其次，改革社会治理方式，加大政策透明度。在主体上，推动公众参与治理，提供更多公共政策的反馈渠道来倾听和回应民意，使公众能以更直接的方式参与或接触公共事务及公务机关，例如广泛建立听证会、公共协商机制、政府日常互动渠道等；在结构上，推进政府组织的扁平化改革，积极利用信息通讯技术和网络强化监督基层服务水平，保证各项政策真正落实执行；在程序上，推进基层政权民主和公平建设，用程序公平推动保障实质公平，在行政和公共服务过程中重视规范化和程序化；在过程上，促进政府开放和治理过程透明，凡涉及公众切身利益的政务活动，做到公开透明，利用数字化手段使群众快速、准确了解决策意图和运作机制；在内容上，正视公民价值与诉求多样化和差异化的现实，采取有针对性的政府和社会信任构建策略。

再次，提升政府应对风险的能力。危机和重大事件是影响政治和社会信任的关键点，也是考验政府风险应对能力的关键点。各国既要提升突发事件、灾害事件和重大危害公共安全事件的应急管理水平，也应增强减少风险损害，以及排除日常潜在危机的风险管理能力。因此，加强社会风险的识别、预警以及有效控制是政府作为的长期行为。

最后，通过政府和公共服务机构的绩效管理来提高政府和公共服务运行的效率、效益和公平性。政府绩效的主要考核目标应逐步从经济发展转向公共服务，围绕满足公民日益增长的公共服务需求和优化公共服务供给。政府绩效的改革应从以下五个方面着手：（1）结果导向，简化审批流程和优化行政程序；（2）服务导向，将公众服务满意度视为政府和公共服务的关键优劣指标；（3）权力下放，激发基层人员的服务热情；（4）建立通用的评估体系；（5）削减行政开支，打造节俭政府的形象。

（三）加强政法建设，提高公众社会参与度

在提升政府表现的基础上，加强政法建设，创新社会服务，提高公众社会参与度，是提高社会信任和凝聚力的根本路径。

首先，要加快政府职能转变，打造政府服务公众的新形象，使公众感受到政府不只是管理者，而是与公众具有共同利益的服务者，这是建立和长期维持政府信任的重要保障。

其次，加强法律对于政府和公职人员的行为约束，建立行政问责制度，建设公平公正的社会风气。行政行为应由法律规制并服从法律。通过法律明确政府行为的边界、程序和权责，规范监督和控制行政行为并问责，从而降低行政行为的随意性和不确定性。具体来说：（1）行政行为要有法律授权，即合法性；（2）政府必须根据公开公认的、限制自由裁量的既定规则行事；（3）对行政行为是否合法的争议应由独立于行政之外的司法人员裁定；（4）法律平等地对待政府和民众，政府不享有特权和豁免权[1]。在此基础上，建立问责机制作为逆向的规范和控制手段，体现权责对等。通过对行政失责行为进行及时、有效的追究，进一步明确政府和公职人员的角色、义务和责任。

再次，重视行政伦理建设，遏制行政伦理失范，打造有道德的政府形象。西方发达国家已经普遍开展了行政道德的基础设施运动，包括：建立社会公共的核心价值、描述行动标准、建立支持性行为标准、防范不当行为并对不当行为进行调查和约束。此外，提高公职人员的职业道德与个人美德也应成为行政伦理建设的重要组成部分。

最后，通过制度建设防止和消除腐败机制，各国应加强跨国合作让反腐败"无死角"，从而打造公正廉明的政府形象。G20 各国应摒弃政治偏见和意识形态差异，遵循《二十国集团反腐败追逃追赃高级原则》，在法律审判

---

① H. W. R. Wade, *Administration Law*. Oxford：Oxford University Press，1988.

和司法执行方面通力合作，对他国腐败分子"零容忍"，拒绝入境；联合调查和起诉腐败犯罪，共同建构"零漏洞"的反腐国际合作网络；跨越因各自法律体系不同所造成的壁垒，在引渡上实现"零障碍"。

（四）重视利用新媒体塑造国家的正面形象

网络新媒体的快速发展使来自社会的声音分享了原属于主流媒体的话语权，为国家形象的建立带来挑战，同时也提供了机遇和工具。国家对新媒体的利用主要包括两个方面：一是利用新媒体开展政务活动，公开政务信息，获得公众的反馈、信任和支持；二是利用新媒体主导舆论，传播国家的正面形象。

在利用新媒体开展政务活动方面，政府机关需积极利用新媒体公开政务，主要包括：（1）建立面向民众的网络，公布人们关心的政务处理信息，并随时更新。公布的信息除了要有高层次的要义精神，也要包含具体的事务处理过程及结果；（2）政务信息的发布要借助主流媒体的配合，例如地方报刊、电视等；（3）在一些比较敏感的事务上，例如财务、招标等，政府更要尽量向大众公开细节。政府越是透明度高，敢于受人监督，越能让人们萌发主人翁之感，从而产生更强的信任感和凝聚力；（4）利用善于利用社会化媒体，听取公众的声音，解决公众的问题，与公众进行有效互动。

在利用新媒体塑造国家形象方面，首先应做好防范，其关键在于：（1）建立舆情预警和分析机制。在"人人都有麦克风"的时代，网络作为"第四媒体"，现已成为公民表达观点意见、反映社会舆情的重要载体。建立网络舆情预警机制就是要国家及地方政府部门通过借助网络信息监测平台，及时收集、辨别、分析、处理各种网络舆情信息，及时察觉并采取应对手段，对各种矛盾和冲突带来的问题进行预先防范和警示，这需要建立舆情监测的组织机构，健全监测法规，提升监测能力，掌握应对技巧；（2）提升议程设置能力。大众传播往往不能决定人们对某一事件或意见的具体看法，但可以通过提供给信息和安排相关的议题来有效地左右人们关注哪些事实和意见及他们谈论的先后顺序。换言之，大众传播可能无法决定人们怎么想，却可以影响人们想什么①。议程设置需要在掌握媒体资源的基础上反复强调议题，而媒体资源在新媒体环境下尤为丰富。议程设置有助于影响大众对"重要事件"的认知，从而将公众关心的事与国家大事联系起来，形成更一致的社会话题，从而产生更强的凝聚力；（3）掌握传播技巧，提升话语权。在形象塑造过程中，抢占话语的制高点尤为重要。在新媒体技术快速发展，传播成本几乎可以忽略不计的情况下，一个小小的危机事件就可能引发重大的国家形象危机，甚至成为引爆社会情绪的导火索。传播技巧的掌握需要对受众媒介接受和使用习惯有深入了解，灵活地将结构形式、表达方式、修辞手法和各种符号等运用在信息中，并争取得到受众的认可和自发性的进一步传播；（4）利用文化产品，将国家精神和成就等植入在影视剧、小说、歌舞、音乐等文化作品里面，以达到"润物无声"的效果。此外，应制定舆情引导机制，在国家形象受损时，应启动机制采取反驳、道歉、赔偿、解决、转移议题等策略。

（五）缩小贫富差距，推动广泛就业，提升社会公平感

提升社会的公平感，无论是缩小贫富差距保障结果公平，还是推动就业实现机会公平，要在全球范围内缩小贫富差距，除了传统的政府和市场两种手段之外，还需要G20国家间的经济协作。

在利用政府力量方面，各国需要根据经济发展状况，持续完善社会保障体系，这是提升社会公平感和凝聚力的突破口。在三个方面加大投入：一是完善社会养老和保险体系，降低弱势群体的不安全感；二是逐步推进社会分配制度改革，完善一次分配效率优先，二次分配注重公平的二元分配体制；三是在教育、医疗、住房等公众普遍关注的公共服务领域促进公共资源的均等化，提升公众对政府保障社会公平决心的信任。

---

① 马克斯韦尔·麦库姆斯：《议程设置——大众媒介与舆论》，郭镇子、徐培喜译，北京大学出版社2008年版。

在利用市场力量方面，各国尤其是发展中国家需要逐步建立公平竞争的市场环境，通过市场力量解决不平等竞争导致的贫富差距问题，确保初次分配的公平性。具体包括三个阶段：一是健全市场经济体制，立法保障经济活动参与者的合法收入；二是通过政府角色的转型，确立市场在促进公平竞争中等主体地位；三是创造经济可持续发展的市场环境，通过持续的经济增长，逐步缩小收入增长的幅度，实现"共同富裕"。在这三个阶段的市场力量培育过程中，通过制度完善提升过程公平，通过角色转型避免政府行为导致的资源配置不均，通过持续增长为各方力量缩小贫富差距提供时间保障。

在利用 G20 国际合作力量方面，一方面是对发展中的人口大国开展国际援助，消除极端贫困，解决贫困阶层的社会保障和医疗问题是缩小贫富差距的快刀。另一方面，加强国际对话与合作、促进创新、在全球范围有效配置资源和生产，这是长期治理贫富差距，实现标本兼顾的良策。

在推动广泛就业方面，各国政府在市场机制建设、开放合作、社会保障体系建设方面的投入同样能够帮助实现就业公平。在 2014 年的 Y20 峰会上，英国安永公司根据对包括 G20 成员国在内的全球多个国家的调查分析，在创业扶持、金融支持、税务管理、人才培养等方面提出十项提升就业率和就业质量的关键性建议[①]。其中创业扶持和人才培养针对的重点是青年就业群体，因此对于社会公平感提升和凝聚力建设尤为重要。营造充满活力的创业环境是应对青年失业问题的最佳方式之一，因为创业企业本身能给年轻人开辟通向成功的道路，而初创企业又能够创造大量新的高质量就业岗位。中国的青年失业率在 G20 国家中相对较低，因为中国政府不断努力打造有利于创业的软硬件环境，如为海归学子设立创业孵化机构器，加强高校学生创业教育，建立创业支持服务和人力、项目、政策和融资信息共享机制。目前约80%在纳斯达克上市的中国高科技企业，由海归的中国留学生创立。

---

① 安永：《避免出现迷失一代：十项建议推动企业家精神应对 G20 国青年失业问题》，http：//www.ey.com/cn/zh/newsroom/news‐releases/2014‐ey‐young‐entrepreneurs‐alliance.2014‐07‐21。

在加强失业治理的基础上，有针对性地开展人才培养同样是推动广泛就业、增强社会机会公平的重要手段。运用大数据分析劳动力市场需求变化，提高职业技能培训的针对性，增强劳动者就业能力。强调优势产业与技能培训对接，新兴产业与人才培养对接，创业扶持与培育体系对接，把培育创新型的经济增长点作为专项培训和促进就业的出发点，增强创业创新的带动效应。促进政府在推动就业方面的角色转变，优先通过市场方式配置公共就业资源，提升就业和人才培养工作的效率；建立"社会机构培养、企业基地培养、校园课堂培养"三元人才培养体系；建立政府购买人才培养、创业成果和就业服务的制度体系，助推创业带动就业。

在国际合作方面，G20应重视以就业为核心的目标承诺，必须与其他长期政策进行协调，真正构建全球经济协调体制。聚焦过去数年世界各国解决就业和失业中的突出问题，衔接过去各届部长会议的主要议题，落实领导人峰会共识，协调和统筹各国在经济、社会、财政政策方面对解决就业和失业问题的政策承诺。

五、全球化背景下"一带一路"凝聚力建设的挑战与应对

"一带一路"的提出以全球化为背景。过去30多年以来，全球化使得各类经济要素如资本、信息、资源、产品，以及其他相关因素如人员、技术、思想等进行跨国界流动，促进了世界经济的快速增长。在这一背景下，一方面，一个国家的生存和发展不再是孤立的，密切的联系使很多国家产生了命运共同体的观念，并在很多方面通过合作优化配置、合理利用资源，推动了经济结构的合理优化，促进了国际分工的发展，从而助推了超出国家范围以外的大社会凝聚力的形成；另一方面，全球化衍生出了国家间发展不均衡、全球金融风险加大、包容性不够等问题，而一些超级大国和区域一体化程度高的超国家组织为维护自身利益，又会在国际社会上表现出国际内或国

家间的内化性。此外，全球化为不同文化的民族和国家的人搭建了便捷的接触渠道，在交流的同时不可避免地发生矛盾和冲突。这也阻碍了旨在推动共进发展、谋求全面进步的凝聚力的产生。我国的"一带一路"倡议中，与沿线国家一起生成社会凝聚力是硬件建设的基础，因此应分析凝聚力建设可能面临的挑战并作好应对预案。

（一）全球化背景下"一带一路"凝聚力建设可能面临的挑战

"一带一路"以"政策沟通、设施联通、贸易畅通、资金融通、民心相通"为操作纲领。其中"设施联通、贸易畅通、资金融通"是硬件建设，"政策沟通"和"民心相通"则是自由贸易中软实力与文化理念的提升。"一带一路"建设涉及几十个国家，从广泛意义上讲，涉及"一带一路"建设的沿线国家也可视为一个大社会，为构建成为利益共同体、责任共同体和命运共同体，实践"和平合作、开放包容、互学互鉴、互利共赢"的理念，提升这一大社会的凝聚力就显得尤其重要。而这一大社会中涉及了为数众多的价值理念有别、文化和宗教信仰多元、发展道路和模式各异、经济地位和社会发展阶段不同的群体。这都为"一带一路"大社会凝聚力的建设构成了挑战。

1. 共进发展过程中的文化差异挑战共享价值观的建构

"一带一路"横贯欧亚大陆，覆盖区域人口规模庞大，沿线各国在政治制度、经济发展水平、宗教信仰、文化传统以及对华亲疏关系等方面都存在诸多差异[1]，这些差异导致了价值观的不同。由于缺乏对事物判断的统一标准，这意味着其在推进过程中必然会面临着众多潜在风险。据美国 World Factbook 的统计，在"一带一路"65 个国家两两之间，仅有 28.6% 的国家

---

[1]　王义桅：《"一带一路"：机遇与挑战》，人民出版社 2015 年版。

有相同的官方宗教，宗教差异显著存在。其中，中国没有明确宗教信仰的人所占比例较高，宗教集中度偏低；同期"一带一路"绝大多数国家宗教集中度则偏高，如沙特阿拉伯100%国民信奉伊斯兰教。而且"一带一路"各地区的主流宗教也差异明显，如中东欧以基督教为主，西亚以伊斯兰教为主，南亚以佛教和印度教为主等。宗教信仰不仅导致了生活模式的差别，也使各国，甚至各国内部不同群体的价值观多元化。据霍夫斯泰德对中国和"一带一路"国家文化价值观的评估，有90%以上国家的国民比中国更厌恶风险，尤其是中亚、中东欧和西亚国家的国民均高度厌恶风险，对新鲜事物的接受程度相比中国偏低。同时，几乎所有国家都比中国更强调市场竞争对经济增长的积极效应和决定作用①。此外，各国对于社会公平和法制程度的感知不同，对于民主自治和发展的理解也有差异。在世界价值观调查所提出的由"世俗—理智化"、"传统价值观"、"生存价值观"和"自我表现价值观"所构成的坐标图中，"一带一路"所涉及的不少国家都位于不同的、甚至截然相反的位置，呈现出较强的价值冲突。价值观涉及的层面不同，其差异或冲突也因不同国家而异。例如，改革开放三十多年来，中国逐渐形成了以发展主义为核心的价值观，它渗透到经济、政治、社会、文化等各个领域和各个层面，然而，"一带一路"沿线国家很多并不是社会主义国家，在价值观上并不一定信奉生产力标准，有的国家受宗教和历史传统影响，也并不认为发展是好事。在推动"一带一路"过程中对发展的过度强调可能引发一些国家的反感和排斥。

价值观上的差异使中国与"一带一路"国家对区域合作和经济利益的观点存在不同。如果说与不同国家或族群的合作过程中在生活方式、礼仪习俗乃至法规政策方面只要互相尊重、商谈即可相对容易地达成一致，那么深植于人们内心的价值认同则难以轻易妥协。共享价值观的缺席使"一带一路"这一大社会缺乏核心层面的认同，挑战着更大范围内的社会凝聚力形成，进而影响着战略涉及国家和组织之间的合作意愿和倾向。

---

① 《主动应对文化差异，助推"一带一路"区域合作》，中国国际经济合作学会，http：//cafiec. mofcom. gov. cn/article/tongjipeixun/201704/20170402561200. shtml. 2017 - 4。

2. 共进发展过程中的难民问题挑战社会接纳力

联合国难民署（UNHCR）于 2016 年最新发表的"全球趋势"（Global Trends）报告显示，截至 2015 年底，全球共有 6350 万人因为冲突或迫害而流离失所，创下 UNHCR 有史以来最高的纪录。2015 年平均每分钟就有 24 人被迫逃离家园，是 10 年前的 4 倍之多。西亚、南亚、北非是民众流离失所最为严重的地区，难民来源国前十名非分别是叙利亚、阿富汗、索马里、南苏丹、苏丹、刚果民主共和国、中非共和国、缅甸、厄立特里亚和哥伦比亚。欧洲则是难民涌入人数增长最快的地区。而上述这些地区多是"一带一路"建设的必经之路，也意味着难民问题将成为"一带一路"建设实施过程中不可回避的重要问题。

在社会凝聚力问题上，难民已显示了难民来源国的分崩离析，难民中包括受过高等教育的学者、政府公职人员、技术人员等在内的中产阶级或精英阶层的流失，进一步造成了来源国的分裂。此外，难民问题还进一步挑战着"一带一路"建设中所涉及收容国的社会接纳能力。在理想的世态中，难民的数量有限，他们通过合法的路径进入收容国，与该国的国民享受同样的机会，从而产生依附感，形成凝聚力，并通过劳动在该国创造社会价值而作为贡献。但近年来难民数量的剧增却给收容国带来各种问题。

第一，难民的蜂拥加重了收容国的经济负担。收容国需要消耗大量的财力和物力来安置难民问题和解决随之而来的问题，这使本国经济压力加大，维持现有状态尚属不易，更难以分拨出精力和资金进行开拓性建设。以黎巴嫩为例，2014 年进入黎巴嫩的叙利亚难民已达 100 多万人，占该国人口总数的近 1/4。这使得黎巴嫩对外贸易受到严重影响，投资也迅速下降，旅游收入锐减，这对经济本不景气的黎巴嫩来说简直是雪上加霜。据世界银行估计，叙利亚危机给黎巴嫩造成的损失已超过 75 亿美元[①]；第二，难民的涌入给收容国带来了复杂的社会问题。不同种族、不同宗教和不同语言的人

---

① 王海滨：《"一带一路"建设需考虑难民问题》，载于《社会观察》2015 年第 9 期，第 50～52 页。

群混居在收容国。一方面，贫困的生活和文化的冲突可能提升该国的犯罪率；另一方面，原住民对难民坐享其国家财富不满，可能出现排外势头，恶化难民与原住民的矛盾，使社会不稳定因素增加；第三，受难民带来的经济衰退和社会不稳定问题影响，收容国还可能出现政治问题，导致政策不稳定。

因战争而逃离家园的阿富汗和叙利亚难民恶化了南亚、西亚和北非地区的难民问题，这些地区难民问题的延续和乌克兰危机一起，又引发了欧洲地区的难民潮。巨大的难民数量使收容国难以在短期内实现合理有效的社会接纳。不仅无法凝聚起难民，反而因各类经济和社会问题破坏了原有的凝聚力。对于"一带一路"大社会凝聚力建设而言，我国不仅要面对如何处理未来可能直面的难民收容问题，更重要的是如何牵头帮助合作国家提升社会接纳力，重构和共建以"一带一路"倡议为核心的社会凝聚力。

3. 共进发展过程中的"中国威胁论"削弱社会资本

"一带一路"倡议提出之后，沿线各国，特别是中亚、西亚和南亚的中小国家，总体上对该倡议持欢迎态度。一些沿线大国既想分享"一带一路"建设可能带来的好处，但是又担心存在着某些不确定性和潜在风险，因而持观望态度。与此同时，还有一些言论以新式"中国威胁"为基本论调，破坏了"一带一路"倡议涉及国家对中国政府和企业的信任，阻碍了各国政府、组织和个体之间的良性互动关系的建立，这对社会凝聚力的形成具有很强的阻力。

"一带一路"背景下所谓的"中国威胁论"侧重的方面包括地缘政治冲突论、文明冲突论、国际秩序重构论、中国模式输出论、生态破坏论等。其中影响较大的包括"中国式新殖民主义"论、中国版"马歇尔计划"论，和"中国经济自我救赎"论。

新殖民主义是指一些大国在不进行直接殖民统治的情况下，通过各种方式对不发达国家和地区进行控制、干涉与掠夺的政策及活动。其特征主要有：通过给予包含各种不合理条件的"援助"，从受援国获得特权；低价购买发展中国家的原材料和初级产品，进行不等价交换等。"中国式新殖民主义"论在不同的国家都有出现，比较典型的是印尼。一些印尼历史学家将"21 世纪海上丝绸之路"倡议与历史上中国的海洋政策联系起来，表示怀疑与恐惧，呼吁人们要对伴随着中国的崛起而带来的"扩张企图"保持警惕。例如雅加达知名历史学家阿祖玛蒂·阿兹拉提出，中国 21 世纪海上丝绸之路有关的构想和言论，是中国政府在南海建立霸权的表现。该计划是中国为在世界扮演更重要角色而表现出的领土、经贸以及政治野心①。

中国版"马歇尔计划"的主要提出者是美国。美国有一些媒体和观察家将"一带一路"倡议和美国历史上的"马歇尔计划"联系起来，声称"一带一路"倡议是"中国版的马歇尔计划"，其中亚投行和丝路基金是相互联系的重点战略安排。该言论的提倡者无视两者在时代背景、实施意图、参与国家、主要内容和实施方式方面的差异，一再强调这两者都是正在崛起的全球大国试图用经济力量来实现其外交政策目标。他们认为"马歇尔计划"帮助美国成为一个真正的超级大国，中国也寄希望于通过两个"丝路"倡议来达到同样的效果②。

"中国经济自我救赎"论认为"一带一路"倡议的出台适逢中国经济步入"新常态"、增速出现下滑之际，这意味着该战略的首要目标是服务于中国国内经济建设，实际上是一种经济上的自我救赎行为。持该论点的人片面强调，或者夸大中国在"一带一路"建设中的收益，对于中国承担的风险，以及其他国家获益所带来的"双赢"结果则避而不谈。他们认为中国向沿线发展中国家投资基础设施建设不仅可以帮助中国的企业获得较高投资回报率，还可以借此疏解国内严重的产能过剩；通过亚投行使用人民币进行借贷，还将有助于中国降低对美元的依赖；有助于国内能源来源多元化和近距离化。

上述以"中国威胁"为核心的舆论反映了一些国家出于自身利益的考

① 米拉、施雪琴：《印尼对中国"一带一路"倡议的认知和反应述评》，载于《南洋问题研究》2016 年第 4 期，第 79~91 页。
② 马建英：《美国对中国"一带一路"倡议的认知与反应》，载于《世界经济与政治》2015 年第 10 期，第 104~132 页。

虑对"一带一路"倡议的竞争性解读。观点的提出和争议的存在是必然的，然而，以抹黑为目的的扭曲事实、曲解观点、或者有选择性地强调某些现象并进行多方位的传播则可能让我国陷入"一带一路"涉及国家的信任危机，削弱"一带一路"大社会的社会资本，进而影响整体社会凝聚力。

（二）全球化背景下"一带一路"凝聚力建设的路径与策略

1. 构建共享价值，传递和平理念，提升合作中的信任感和向心力

在"一带一路"建设过程中，有着伊斯兰教、佛教、天主教、犹太教等宗教信仰的人们会更多地接触，其多元的生活方式、价值理念等不甚一致，甚至可能产生冲突的情况。因此，有些学者建议在此过程应该注意"不要输出价值观"。然而在推动"一带一路"倡议过程中，价值观与商议和合作的方方面面密切联系，它并非一个不要输出或者避而不谈就能解决一切的问题。为应对这一挑战，我国需要完成共享价值观的构建和传播两项任务。

共享价值观的建立需要在了解其他国家价值观的基础上，挖掘出共同的价值理念。美国在建国之初，面对来自不同文化、有不同宗教信仰、价值观各不相同的移民们，基于他们对不公正遭遇的不满，或被主流社会抛弃后期待开始新生活的心理，凝练出共同拥有的价值理念，从而使国民形成了基于"平等"和"进取"共享价值观的社会凝聚力。我国可借鉴其做法，找到我国的价值观与其他国度的共通之处，进而挖掘出共同的价值理念。"一带一路"提出"和平合作、开放包容、互学互鉴、互利共赢"的理念。其中，"和"既是我国文化价值观的核心，有着悠久的历史并体现在我国的方方面面，又符合"一带一路"文明圈多样、共存、包容、共赢的理念。贯通亚欧大陆的丝绸之路文化是基于沙漠、绿洲、草原、游牧、高原为生活基础的特色文化，丝绸之路上的那些古老民族、文化、宗教，今天还健在。因此，"和"有深厚的历史和文化根基。从现实意义上看，对于寻求发展的国家而

言，和平意味着社会的稳定，是国家发展的基础；对于饱受战乱之痛或难民潮之苦的国家而言，和平意味着远离痛苦，重建家园。"一带一路"建设的根本目的在于推动中国和沿线国家之间的持久和平与繁荣。有了对和平价值的认同，才会有"政策沟通、设施联通、贸易畅通、资金融通、民心相通"。因此，"和"成为有深度内涵和凝练性，又容易阐述、传播和实践的共享价值观。

共享价值观的建立是第一步，更重要的是如何传播这种价值观。价值观认知的根本在于公众内心的感知。价值观的建立固然离不开家庭传统和学校教育，大众传播的影响也同样重要。在价值观的共建过程中，应注重对外和对内传播两手抓。对外传播包括针对其他国家的政府政党、精英和意见领袖以及普通公众进行"和平"价值理念的传递：（1）在国家政府政党层面，我国可以通过各类国际会议，发布权威而正式的"和"理念，并在各类领导人会谈中从不同角度、在不同领域不断加强对这一理念的阐述和诠释；（2）在精英和意见领袖层面，我国可开展各类形式的文化交流活动，成立艺术与文化研究中心、在国内高校设立奖学金支持外国人到我国留学、资助相关高校和研究机构从事国际和地区问题研究、开展官方文化外交项目等多种方法，在此过程中展示深入我国各个领域的"和"理念；（3）在普通公众层面，则应深度挖掘沿线各国的人文资源，通过符合该国风俗习惯、公众喜闻乐见的文化产品，如影视剧、书籍小说、文艺展演、音乐、文物博览、餐饮、文化创意产品等来讲好"一带一路"故事，传播好"一带一路"声音，强调"一带一路"建设的共商共建共享原则，突出"一带一路"的开放性和包容性，传播"和"文化。对内传播则重在鼓励企业经营者、文化工作者和研究者走出去，并在与"一带一路"国家、企业或公众接触时用实际行动传播"和"价值。

2. 共创发展机会，建立解决机制，应对难民引发的社会接纳问题

从社会凝聚力角度来看，难民问题对"一带一路"沿线国家的经济、社会和政局稳定等方面的破坏力主要来源于过多的难民涌入破坏了收容国的

社会接纳能力。根据联合国《关于难民地位的公约》，缔约国应给予其领土上的难民一定的待遇，包括在初级教育、公共救济、劳动和社会安全等方面给予国民待遇；在动产和不动产、自由职业、房屋等方面给以至少不低于一般外国人并尽可能优惠的待遇；各国应尊重难民取得个人身份的权利，给予难民身份证件和保护他们不被驱逐出境，并尽可能便利难民的人籍和同化。联合国难民署（UNHCR）在 2016 年 6 月 20 日的世界难民日中，号召保障每位难民儿童都能接受教育，保障每个难民家庭都能有安全的住所，保障每位难民都能工作，或学习新的技能，为社群贡献己力。然而，过多的难民所带来的资源紧缺和市场失序让收容国无法严格按照公约来实现社会接纳，进而引发社会失稳。在这一问题上，我国应从紧急问题的应对、根本问题的解决，以及可能问题的预警三个方面来努力。

在紧急问题的应对层面，我国当务之急是帮助相关国家提升社会接纳能力。作为安理会常任理事国，中国在难民问题上担负着重要的责任。我国需加强与周边国家在难民问题上的合作，积极支持联合国及其他国际组织、区域组织应对难民危机的努力，同时从人力、物力和财力方面向遭受难民压力的发展中国家提供相应的援助，以期缓解相关国家的收容压力，为推动区域和全球层面多边难民合作机制的建设做出贡献。需要注意的是，紧急问题的应对只能暂时缓解困难，单方面的物资资源投入协助也难以持续。因此，还应找到根本性问题所在并提出解决方法。

在根本问题的解决层面，首先应明确解决难民问题最重要、最根本的途径是要解决产生难民的根源，实现难民输出国的和平与可持续发展。除了实现冲突国家的政治和解，以及国内和地区的长治久安以外，帮助冲突后国家及其他陷入贫困中的国家实现经济和社会的发展，增强人民对本国经济发展和未来生活的信心，也是减少难民产出的重要途径[①]。结合"一带一路"倡议，我国可以帮助难民收容国进行公共资源方面的投入，以应对突然暴增的人口，同时满足本国国民的日常需求，提升其社会接纳能力。具体而言，可

---

① 李东燕：《欧洲难民潮将走向何处》，载于《党建》2015 年第 12 期，第 60～62 页。

以以亚投行为支点，鼓励企业与沿线国家企业合作，发展生产、扩大需求、建立产业、提供工作岗位，助力收容国做出更大的"蛋糕"，以保障难民和本国居民的工作，使其有学习的机会和为该国贡献自己力量的机会。通过发展减缓经济压力和社会矛盾，在提升该国凝聚力的同时也使他们在"一带一路"大社会中凝聚起来。

在可能问题的预警层面，中国应建立难民应对的预案机制。尽管近几年中国并未直接面临难民收容的严峻挑战，但来自周边国家的难民问题已经在困扰着中国。因此，中国应该参与到面临难民压力的发展中国家的应对过程中，同时充分考察和评估具有不同国情的各个国家的难民问题、应对策略、合作情况和应对效果，学习经验，从而评估中国目前的社会接纳能力，在政治、社会、安全、法律等方面逐步建立适合中国情况的难民应对体系，以应对未来可能直接面对的难民问题。

3. 打造信任纽带，建立互动关系，增强社会资本

提升"一带一路"大社会中社会资本的本质问题是要解决参与"一带一路"建设的国家、组织和个人的关系问题，最重要的是提升社会信任和鼓励社会参与。

社会信任包括了政治信任、企业信任、邻里信任等层面。对于中国而言，增强"一带一路"沿线国家对中国的政治信任，削弱或消除"中国威胁论"的不利影响是首要任务。社会信任的建立可通过三条途径实现：（1）高层理念交流途径。中国可推进官方高层对话，利用现有各种战略对话渠道开拓新平台，就政治、经济、安全、人文等传统和非传统的广泛领域，加强对话与沟通，在战略上增信释疑。此外，西方智库、高校及专家学者与官方关系密切，对国家内外决策以及民意具有较强的影响力，往往也是各种版本"中国威胁论"的制造者。加强与其交流是从根本上消除"中国威胁论"所不可或缺的重要途径。我国可发挥非官方行为体的特长和优势，支持国内的智库对外交流和发声；（2）大众舆论引导途径。国内媒体应本着既维护国家利益又遵循新闻规律的原则，在"一带一路"传播问题上，

增强主动设置议题的意识和能力，客观准确地开展新闻报道，体现中国视角，传播中国理念和政策，发出中国声音和主张。针对投资重点国要积极宣传"一带一路"战略对其的有益之处，使其民众了解该战略所带来的收益以缓和部分民众的恐惧心理。同时积极进行舆论监测，及时回应抨击抹黑我国形象和理念的不实言论。在舆论传播方面需注意方法，尤其需要了解境外公众的文化和媒介习惯，用境外受众听得懂、易接受的语言和方式，用事实和数据说话。用生动的故事和案例来打动受众让其主动接纳信息，而不要以说教的方式强行灌输而引发反感。同时注重利用网络等新媒体技术进行形式多样、内容丰富的传播，同时争取与受众的互动以及受众的主动转发；（3）人际交流途径。从法律法规角度严格要求我国各级政府和企业在与其他国家政府和组织接触过程中讲诚信、讲和谐、讲共同发展。让"一带一路"沿线国家在与我国交往的实践中打消"中国威胁"顾虑，从而让各国的建设大军有着更强的凝聚力。

值得一提的是，这三条途径虽然方法和针对对象不完全一致，但都涉及传播内容，可以互补互动。例如，舆情的监测情况可以作为政府高层对外发声的参考资料，人际交往中的正面事件可以用以作为典型案例纳入"一带一路故事"或"一带一路声音"的媒体资料库加以传播。因此，必要时可专门成立针对"一带一路"建设进行舆情监测、舆情预警，以及沟通各个部门开展整合传播活动的新闻与文化传播小组，要特别吸纳懂得沿线国家国情和文化的人才，懂得利用新媒体技术的人才，以及懂得新媒体环境下新闻规律和写作传播的人才。

此外，"一带一路"建设涉及巨额资金，其中有不少都是援助沿线国家的建设，也可能引发国内公众的不满或不理解而导致国内本身凝聚力的松散。因此，在解决首要的国际信任的同时，我国还应巩固国内群众基础。通过进一步的对内传播让国内公众理解"一带一路"战略对中国经济和发展本身的正面影响，看到我国在"一带一路"建设中坚定不移地反对腐败和各种其他的国际犯罪活动的决心，以增强政治信任，凝聚国内力量。

提升"一带一路"社会资本，建立良好的社会关系网络需要解决的另一个问题是鼓励社会参与。在鼓励国内企业参与方面，中国对沿线国家的投资建设主要来自国有企业，集中在中国周边地区与交通和能源两大战略性行业里。因此，国有企业作为"一带一路"建设的先行者和主力军应有政策支持和保障。此外，我国也应鼓励多类型的民间资本参与海外拓展，实现投资主体的多元化。具体包括：（1）政策支持。联合银行、建设部门、发展改革部门、海关、税务等多部门出台各项政策扶持。（2）人才培养。鼓励和支持企业通过各种渠道吸纳和培养外向型专业人才，以境外项目实施来锻炼和培养各类专业人才。（3）提升各级政府的服务意识。及时发布国家最新政策措施，为企业提供国内外相关政策、境外项目、境外市场环境、风险预警防范等信息。（4）鼓励行业共进。鼓励行业协会组织对投资地的研究，让所属企业共享研究成果，更好地了解当地。此外，我国也应在政策、人才和服务方面努力，鼓励"一带一路"沿线的相关企业以及在华投资的大型外企参与。除了企业在"一带一路"硬件建设中的参与，人才和学术交流可视为"一带一路"软件建设的参与。长久以来，我国较少有人才去沿线国家交流或留学，因此彼此互动少，了解不深入。因此，我国应支持人才去沿线国家交流，鼓励学者到实地进行深入研究，与当地的学者们互动。多种形式、不同主体的参与有助于生成多类型关系、构建更加密切的社会网络、减少社会网络中个别关系冲突带来的风险，从而形成更强的凝聚力。

第六部分
G20 参与全球气候治理的
动力、影响与展望研究

一、全球气候治理的发展历程

1972 年，国际社会在瑞典斯德哥尔摩召开了第一次人类环境大会，从此，国际环境问题成为国际社会关注的热点议题之一。此后的 1979 年，在瑞士日内瓦召开的第一次世界气候大会上，科学家警告："大气中二氧化碳浓度增加将导致地球升温"，气候变化第一次作为一个受到国际社会关注的问题提上议事日程。1988 年，世界气象组织（World Meteorological Organization，WMO）和联合国环境规划署（United Nations Environment Programme，UNEP）联合成立了政府间气候变化委员会（Intergovernmental Panel on Climate Change，IPCC），对人类活动引起的气候变迁问题展开研究。IPCC 分别在 1990 年、1995 年、2001 年、2007 年和 2013 年发布了五份《气候变迁评估报告》，为世界各国在气候变迁问题上达成共识提供了科学依据。1992 年 6 月国际社会在巴西里约热内卢召开的联合国环境与发展大会上，154 个国家或地区签署了具有法律效力的《联合国气候变化框架公约》（United Nations Framework Convention on Climate Change，UNFCCC）。UNFCCC 将缔约国区分为两大类：附件一缔约国（主要为发达国家）和非附件一缔约国，并且明确了解决气候问题的基本框架：（1）工业化国家，承担温室气体减排义务，以 1990 年的排放量为基础进行削减；（2）其他发达国家，不承担具体温室气体减排责任，但需要向发展中国家提供资金、技术等援助；（3）发展中国家，享有发展的权利，因而，不承担具体温室气体减排义务，不过可以在接受发达国家的资金、技术援助下进行温室气体减排。UNFCCC 的签订标志着国际社会正式开启全球气候治理的进程。

根据 UNFCCC 的约定，从 1995 年开始，国际社会每年都召开 UNFCCC 的缔约国大会，讨论具体的温室气体减排行动与制度安排。从此，世界各国在 UNFCCC 的框架上，展开了长期、波折的全球气候治理博弈。1997 年 12

月，在日本京都召开的 UNFCCC 第三次缔约方会议通过了《京都议定书》，议定书明确：从 2008~2012 年，主要工业发达国家的温室气体排放量要在 1990 年的基础上平均减少 5.2%，其中欧盟将削减 8%，美国削减 7%，日本削减 6%。同时，《京都议定书》还提出排放权交易（Emission Trading，ET）、联合履约（Joint Implementation，JI）、清洁发展机制（Clean Development Mechanism，CDM）等三大"京都机制"，以帮助发达国家以较低成本实现承诺的减排目标。不过，《京都议定书》只有在"不少于 55 个参与国签署该条约并且这些签约国温室气体排放量达到附件 1 中规定国家（即需减排的国家）在 1990 年总排放量的 55% 后的第 90 天"才能生效。此后的几届缔约国大会，与会各国在《京都议定书》生效问题上展开了激烈讨论。然而，由于 2001 年 3 月美国政府退出《京都议定书》、2003 年俄罗斯拒绝批准《京都议定书》，最终，《京都议定书》只能以强制的形式于 2005 年 2 月 16 日生效。为了将美国拉回全球气候治理进程，2007 年 12 月在印度尼西亚巴厘岛召开的 UNFCCC 第十三次缔约方会议通过了"巴厘岛路线图"，进一步确认了"蒙特利尔路线图"中的双轨路线：157 个缔约方在《京都议定书》框架下启动 2012 年后发达国家温室气体减排责任谈判的进程；189 个缔约方在联合国 UNFCCC 基础上，就控制全球变暖的长期战略展开对话。按照约定，《京都议定书》将于 2012 年失效，为了防止议定书的失效造成国际社会气候政策的真空状态，2011 年 11 月底至 12 月初在南非德班召开的 UNFCCC 第十七次缔约方会议同意延长《京都议定书》5 年的法律效力，2012 年 11 月在卡塔尔多哈召开的 UNFCCC 第十八次缔约方会议通过了《京都议定书》修正案，就 2013~2020 年执行《京都议定书》第二承诺期达成一致。不过，日本、加拿大、新西兰及俄罗斯明确不参加第二承诺期。

此后的几次缔约国大会，国际社会反思了之前全球气候治理博弈中的教训，逐渐转变气候谈判模式：由此前的自上而下"摊牌式"的强制减排向自下而上的"国家自主贡献"转变。反思与转变促使全球气候治理又重回正轨，2015 年 12 月在法国巴黎召开的 UNFCCC 第二十一次缔约方会议通过了《巴黎协定》，为 2020 年后全球应对气候变化行动作出框架性安排。《巴黎协定》的主要共识有四个方面：（1）维持全球温度"较工业化前水平升温控制在 2℃ 之内，并努力把升温控制在 1.5℃ 之内"；（2）坚持"平等、共同但有区别和各自能力原则"，由世界各国自主决定其减排目标；（3）UNFCCC 缔约国必须每五年调整其减排目标，并且减排目标必须随时间而增加；（4）缔约国大会（COP）将每五年盘点各缔约国自主减排目标的实现情况并予以通告。目前，已有 184 个国家提交了应对气候变化"国家自主贡献"文件，涵盖全球碳排放量的 97.9%，《巴黎协定》正式生效。自此，全球气候治理进入一个全新阶段。

历届气候峰会的情况如表 6-1 所示。

表 6-1　　　　　　　　　　历届气候峰会的概括

时间	气候峰会地点与名称	气候峰会成果
1972 年	瑞典斯德哥尔摩，第一次人类环境大会	通过《联合国人类环境会议宣言》和《行动计划》
1979 年	瑞士日内瓦，第一次世界气候大会召开	气候变化第　次作为　个受到国际社会关注的问题提上议事日程
1992 年 6 月	巴西里约热内卢，联合国环境与发展大会（UNFCCC）*	通过了世界上第一个应对全球气候变暖的国际公约——UNFCCC。该国际公约共有 186 个缔约方，并具有法律效应，从而成为国际社会在应对全球气候变化问题上进行国际合作的一个基本框架
1995 年 3 月底至 4 月初	德国柏林，UNFCCC 第一次缔约方会议（COP1）	（1）通过了《共同履行公约的决定》，要求工业化国家和发展中国家"尽可能开展最广泛的合作"，以减少全球温室气体排放量； （2）通过了《柏林授权书》等文件，就立即启动 2000 年以后的气候保护措施的磋商谈判达成共识，决定成立一个工作小组，推进全球温室气体排放量削减的谈判，并在两年内草拟一项对缔约方有约束力的保护气候议定书
1996 年 7 月	瑞士日内瓦，UNFCCC 第二次缔约方会议（COPI2）	展开减排数量的讨论，但未取得一致性意见，最终通过《日内瓦宣言》，会议呼吁各缔约国加速谈判，争取在 1997 年 12 月前缔结一项《柏林授权书》所涉及的"有法律约束力"的《议定书》

续表

时间	气候峰会地点与名称	气候峰会成果
1997 年 12 月	日本京都，UNFCCC 第三次缔约方会议（COPI3）*	通过了《京都议定书》，不过该议定书只有在"不少于55 个参与国签署该条约并且这些签约国温室气体排放量达到附件 1 中规定国家（即需减排的国家）在 1990 年总排放量的 55% 后的第 90 天"才能生效；2005 年 2 月 16 日《京都议定书》强制生效。《京都议定书》明确，从 2008～2012 年，主要工业发达国家的温室气体排放量要在 1990 年的基础上平均减少 5.2%，其中欧盟将削减8%，美国削减 7%，日本削减 6%，同时，《京都议定书》还提出排放权交易（ET）、联合履约（JI）、清洁发展机制（CDM）等三大"京都机制"，以帮助发达国家以较低成本实现承诺的减排目标
1998 年 1 月	阿根廷首都布宜诺斯艾利斯，UNFCCC 第四次缔约方会议（COPI4）	通过了《布宜诺斯艾利斯行动计划》，决定进一步采取措施，促使《京都议定书》早日生效，同时制订了落实议定书的工作计划
1999 年 10 月	德国波恩，UNFCCC 第五次缔约方会议（COPI5）	会议通过了《伯恩协定》，明确了温室气体清单技术审查等指南，但在三大"京都机制"等方面未取得重大进展
2000 年 11 月	荷兰海牙，UNFCCC 第六次缔约方会议（COPI6）	形成欧盟集团—伞型国家集团—发展中国家集团三足鼎立的博弈局面，三大集团存在较大分歧，会议未能达成预期的协议。2001 年 3 月，美国政府退出《京都议定书》
2001 年 10 月	摩洛哥马拉喀什，UNFCCC 第七次缔约方会议（COPI7）	通过了《马拉喀什协定》，通过了有关《京都议定书》履约问题的一揽子高级别政治决定，为《京都议定书》的生效铺平了道路
2002 年 10 月底至 11 月初	印度新德里，UNFCCC 第八次缔约方会议（COPI8）	通过了《德里宣言》，明确了应对气候变化的正确途径，强调必须在可持续发展的框架内应对全球气候变化
2003 年 12 月	意大利米兰，UNFCCC 第九次缔约方会议（COPI9）	俄罗斯拒绝批准《京都议定书》，会议没有取得实质性成果
2004 年 12 月	阿根廷布宜诺斯艾利斯，UNFCCC 第十次缔约方会议（COPI10）	会议没取得实质性成果
2005 年 11 月	加拿大蒙特利尔，UNFCCC 第十一次缔约方会议（COPI11）暨《京都议定书》缔约方第一次会议	会议最终达成 40 多项重要决定，尤其是明确了双轨路线的"蒙特利尔路线图"：157 个缔约方在《京都议定书》框架下启动 2012 年后发达国家温室气体减排责任谈判的进程；189 个缔约方在联合国 UNFCCC 基础上，就控制全球变暖的长期战略展开对话

时间	气候峰会地点与名称	气候峰会成果
2006年11月	肯尼亚内罗毕，UNF-CCC第十二次缔约方会议（COPI12）暨《京都议定书》缔约方第二次会议	通过了"内罗毕工作计划"在内的几十项决定，同时，在国际碳基金的问题上达成一致，即明确基金将用于提高发展中国家适应气候变化的能力
2007年12月	印度尼西亚巴厘岛，UNFCCC第十三次缔约方会议（COPI13）暨《京都议定书》缔约方第三次会议	通过了"巴厘岛路线图"，进一步确认了"蒙特利尔路线图"中的双轨路线，并决定于2009年在丹麦哥本哈根举行的UNFCCC第十五次缔约方会议上通过一份新的议定书——明确2012～2020年的全球减排协议，以代替2012年到期的《京都议定书》
2008年12月	波兰波兹南，UNFCCC第十四次缔约方会议（COPI14）暨《京都议定书》缔约方第四次会议	正式启动2009年气候谈判进程，同时决定启动帮助发展中国家应对气候变化的适应基金
2009年12月	丹麦哥本哈根，UNF-CCC第十五次缔约方会议（COPI15）暨《京都议定书》缔约方第五次会议	发表了不具法律约束力的《哥本哈根协议》，大体确立了未来国际气候协议的轮廓，同时，提出建立绿色气候基金，以帮助发展中国家减缓和适应气候变化
2010年11月底至12月初	墨西哥坎昆，UNFCCC第十六次缔约方会议（COPI16）暨《京都议定书》缔约方第六次会议	通过了《坎昆协议》，坚持了UNFCCC、《京都议定书》和"巴厘路线图"，坚持了"共同但有区别的责任"原则；在适应、技术转让、资金和能力建设等问题上的谈判取得了不同程度的进展
2011年11月底至12月初	南非德班，UNFCCC第十七次缔约方会议（COPI17）暨《京都议定书》缔约方第七次会议	同意延长原定于2012年失效的《京都议定书》5年的法律效力，决定实施《京都议定书》第二承诺期并启动绿色气候基金，同时决定建立"德班平台"——德班增强行动平台特设工作组。不过，在大会期间，加拿大宣布正式退出《京都议定书》
2012年11月	卡塔尔多哈，UNFCCC第十八次缔约方会议（COPI18）暨《京都议定书》缔约方第八次会议	通过《多哈修正》——《京都议定书》修正案：就从2013～2020年执行《京都议定书》第二承诺期达成一致。同时，大会还通过了有关长期气候资金、德班平台以及损失损害补偿机制等方面的多项决议。不过，日本、加拿大、新西兰及俄罗斯明确不参加第二承诺期
2013年11月	波兰华沙，UNFCCC第十九次缔约方会议（COPI19）暨《京都议定书》缔约方第九次会议	进一步明确"德班平台"应体现"共同但有区别的原则"；发达国家承诺出资支持发展中国家应对气候变化；在损失损害补偿机制的问题上达成初步协议，并决定开启有关谈判

续表

时间	气候峰会地点与名称	气候峰会成果
2014 年 12 月	秘鲁利马，UNFCCC 第二十次缔约方会议（COPI20）暨《京都议定书》缔约方第十次会议	在 2015 年巴黎气候大会协议草案的要素方面基本达成一致
2015 年 12 月	法国巴黎，UNFCCC 第二十一次缔约方会议（COPI21）暨《京都议定书》缔约方第十一次会议*	通过《巴黎协定》，为 2020 年后全球应对气候变化行动作出框架性安排
2016 年 11 月	摩洛哥马拉喀什，UNFCCC 第二十二次缔约方会议（COPI22）暨《巴黎协定》缔约方第一次会议	通过"关于《巴黎协定》的决定"和"UNFCCC 继续实施的决定"两个决定。其中，"关于《巴黎协定》的决定"对未来进一步谈判做出安排

资料来源：本研究整理。

二、G20 参与全球气候治理的行动与成效

作为一个最主要的国际经济合作论坛，G20 的宗旨是推动工业化的发达国家和新兴市场国家之间就实质性问题展开开放、有建设性的讨论和研究，以寻求合作并促进国际金融稳定和世界经济的持续增长。换言之，G20 本身并不是为应对全球气候变化、开展全球气候治理所建立的专门国际机构，气候治理原本不是 G20 的核心议题。然而，回顾历届 G20 峰会的议题情况（见表 6-2），可以发现，G20 不断通过各种方式参与全球气候治理、塑造国际气候政策。

早在 2007 年，南非 G20 部长会议就设置了经济与气候相关联的议题。不过，2008 年爆发了世界金融危机，对全球经济发展造成巨大影响。为了应对金融危机造成的冲击，促进世界各国尽快从经济衰退中复苏，2008 年 11 月 15 日在美国华盛顿召开了第一次 G20 国家领导人峰会，探讨、协调各

表 6 - 2　　　　　　　历届 G20 峰会中全球气候治理议题的情况

时间	峰会整体情况		峰会中全球气候治理议题的类型、成果体现、作用		
	峰会	峰会议题	议题类型	成果体现	对全球气候治理的作用
2008 年 11 月 15 日	华盛顿峰会（第一次峰会），美国	常规经济和金融问题			
2009 年 4 月 2 日	伦敦峰会（第二次峰会），英国	常规经济和金融问题、全球气候治理	新设议题		首次讨论气候变化与全球气候治理
2009 年 9 月 24 日	匹兹堡峰会（第三次峰会），美国	常规经济和金融问题、能源安全与全球气候治理	核心议题	公报第 32 条	推动哥本哈根大会
2010 年 6 月 26 日	多伦多峰会（第四次峰会），加拿大	常规经济和金融问题、能源补贴、全球气候治理、腐败、海洋环境保护	一般性议题	公报第 41 条	促进《哥本哈根协议》的落实
2010 年 11 月 12 日	首尔峰会（第五次峰会），韩国	常规经济和金融问题、全球气候治理、私营企业的帮助	核心议题	公报第 66 条	推动坎昆会议
2011 年 11 月 3 日	戛纳峰会（第六次峰会），法国	常规经济和金融问题、能源与全球气候治理、增长和就业全球战略、反腐、食品安全	核心议题	公报第 21 条	推动德班气候变化大会
2012 年 6 月 19 日	洛斯卡沃斯峰会（第七次峰会），墨西哥	常规经济和金融问题、全球气候治理、食品安全、反腐	一般性议题	公报第 71 条	设立气候变化融资研究小组，促进坎昆协议的落实
2013 年 9 月 5 日	圣彼得堡峰会（第八次峰会），俄罗斯	常规经济和金融问题、全球气候治理、反腐、叙利亚等政治性和安全性的问题	核心议题	公报第 100 条，101 条，102 条	落实坎昆、德班和多哈会议的成果
2014 年 11 月 15 日	布里斯班峰会（第九次峰会），澳大利亚	常规经济和金融问题、能源安全、全球气候治理、经济改革、就业、国际贸易	一般性议题	公报第 19 条	推动绿色气候资金，通报国家自主决定的贡献

续表

时间	峰会整体情况		峰会中全球气候治理议题的类型、成果体现、作用		
	峰会	峰会议题	议题类型	成果体现	对全球气候治理的作用
2015 年 11 月 15 日	安塔利亚峰会（第十次峰会），土耳其	全球经济复苏与提高潜在增长率、能源安全、全球气候治理	一般性议题	公报第 24 条	推动巴黎气候大会，强调控制升温低于 2 摄氏度的目标
2016 年 9 月 5 日	杭州峰会（第十一次峰会），中国	全球金融治理；全球贸易和投资治理；全球能源治理以及全球发展治理	核心议题	主席国声明及公报第 19 条	推动《巴黎协定》实施

资料来源：根据以下文献整理得到：董亮：《G20 参与全球气候治理的动力、议程与影响》，载于《东北亚论坛》2017 年第 2 期，第 59～70 页。

国经济政策，以应对金融危机对世界经济造成的影响。因此，在这次 G20 国家领导人峰会上，气候议题并没有被过多关注。随着各国刺激政策的推出，世界经济也逐步从衰退中得到复苏，金融危机对世界经济造成的冲击得到有效控制，因此，2009 年 4 月 2 日在英国伦敦召开的第二次 G20 国家领导人峰会上，轮值主席国英国就将信贷恢复、气候适应和国际金融机构改革等发展议题列为会议的核心议题。2009 年 9 月 24 日在美国匹兹堡召开的第三次 G20 国家领导人峰会不仅从法律和机制上奠定了 G20 的重要地位，而且也进一步明确 G20 参与全球气候治理的重要意义。此次峰会通过的《匹兹堡公报》明确了 G20 国家通过以下三个方面达成共识，以推动全球气候治理进程：（1）G20 国家应采取有力行动应对气候变化威胁；（2）强化 UNFCCC 在国际气候谈判中的主体制度地位，重申 UNFCCC 的目标、条款和原则，包括共同但有区别责任的原则；（3）推动在哥本哈根大会上达成减缓、适应、技术和资金等方面的协议。

此后的各届 G20 国家领导人峰会中，都设置了应对气候变化的议题，极大地推动了全球气候治理进程。其中，2010 年 6 月 26 日在加拿大多伦多召开的第四届 G20 国家领导人峰会中，气候议题作为一般性议题，其成果体现在该届公报的第 41 条，这一成果促进了《哥本哈根协议》的落实；2010 年 11 月 12 日在韩国首尔召开的第五届 G20 国家领导人峰会中，气候议题作为核心议题，其成果体现在该届公报的第 66 条，这一成果促进了坎昆会议的召开；2011 年 11 月 3 日在法国戛纳召开的第六届 G20 国家领导人峰会中，气候议题作为核心议题，其成果体现在该届公报的第 21 条，从而推动了德班气候变化大会的召开；2012 年 6 月 19 日在墨西哥洛斯卡沃斯召开的第七届 G20 国家领导人峰会中，气候议题作为一般议题，其成果体现在该届公报的第 71 条，该成果包括：设立 G20 气候变化融资研究小组，并促进坎昆协议的落实等；2013 年 9 月 5 日在俄罗斯圣彼得堡召开的第八届 G20 国家领导人峰会中，气候议题作为核心议题，其成果体现在该届公报的第 100 条、101 条、102 条，进一步促进了德班和多哈会议的成果的落实。

2014 年至今的三次 G20 国家领导人峰会对《巴黎协定》的达成与生效起了重要推动作用。其中，2014 年 11 月 15 日在澳大利亚布里斯班举行的第九次 G20 国家领导人峰会敦促各国尽快就 2020 年之后的减排目标做出承诺，并明确进一步落实绿色气候基金的方案。2015 年 11 月 15 日在土耳其安塔利亚举行的第十次 G20 国家领导人峰会发布的《安塔利亚峰会公报》进一步明确 G20 将在巴黎缔约方大会促进达成新的全球减排协议，同时再次重申坚持共同但有区别原则下落实好各国的"国家自主贡献"方案。总体而言，这两次的 G20 国家领导人峰会直接推动了《巴黎协定》的达成。2016 年 9 月 5 日在中国杭州召开的第十一届 G20 国家领导人峰会中，与会各方同意在落实气候变化《巴黎协定》方面发挥表率作用，推动《巴黎协定》尽早生效；尤其是与会期间（9 月 4 日）中国和美国两个全球最大的经济体和温室气体排放国同时批准和接受《巴黎协定》，最终促成《巴黎协定》于 2016 年 11 月 4 日正式生效。

三、G20 进一步参与全球气候治理的动力分析

"绿色经济是未来全球经济的重要发展趋势"、"G20 成员国具有广泛代

表性"、"G20 机制的自身优势"等三大因素奠定了 G20 进一步参与全球气候治理的必要性、可行性和有效性，从而推动 G20 在更广更深的维度参与全球气候治理进程。

（一）绿色经济是未来全球经济的重要发展趋势

面对外部性造成的环境污染、自然资源耗竭、气候变迁以及经济增长减缓等国际市场失灵问题，2008 年金融危机之后，世界许多国家、国际经济组织不约而同提出绿色产品标准、发展绿色经济的解决之道（见表 6-3）。世界许多国家尤其是美国、欧盟、日本等发达国家也在产品环保标志、国家绿色采购等方面制定了数量庞大影响绿色贸易的法律法规。这些绿色法规以及规范必将对未来世界经济发展格局造成重大影响。2008 年金融危机后，主要发达国家都开始实施"绿色新政"，以此来谋划后危机时代的发展。根据《Low Carbon Environmental Goods and Services Report》，2013 年全球环保产业主要领域市场规模 7518.79 亿英镑，比 2010 年增长了 10.22%（见表 6-4）。总体而言，为了应对气候变化而兴起的绿色经济已经成为全球经济的重要发展趋势，而 G20 作为一个最主要的国际经济合作论坛，将气候议题纳入其核心议题的必然则显而易见。

表 6-3　　　　　　　　　　　　主要发达国家绿色新政

国家	时间	绿色战略	绿色战略要点
日本	2009 年 4 月	《绿色革命与社会变革》	从六个方面推动绿色发展：在学校等公共设施内设置太阳能发电设备；整顿并建设利用自行车的环境基础设施；保护和培植森林防止地球温室效应；利用生态点数积分普及节能家电；通过隔热翻修工程普及节能住宅；通过促进太阳能发电及电动汽车等长期的技术开发。
韩国	2009 年	《绿色增长国家战略》	大力发展绿色技术产业、强化应对气候变化能力、提高能源自给率和能源福利，全面提升绿色竞争力，到 2020 年韩国跻身全球"绿色七强"，2050 年韩国进入"绿色五强"

续表

国家	时间	绿色战略	绿色战略要点
韩国	2010 年 1 月	《低碳绿色增长基本法》	制定绿色增长国家战略、绿色经济产业、气候变化、能源等项目以及各机构和各单位具体的实行计划，还包括实行气候变化和能源目标管理制、设定温室气体中长期的减排目标、构筑温室气体综合信息管理体制以及建立低碳交通体系等有关内容
美国	2008	绿色经济复兴计划	美国"绿色新政"可细分为节能增效、开发新能源、应对气候变化等多个方面。其中，新能源的开发是绿色新政的核心
欧盟	2007 年底	战略能源技术计划	详细规划了风能、太阳能、电网、生物能、碳捕获与封存（CCS）、可持续核能等优先领域的技术开发、部署、研究、实施、投资、取得的主要成果
欧盟	2008 年底	《欧盟 2020 年碳排放协议》	要求欧洲各国温室气体排放量到 2020 年比 1990 年减少 20%，并通过 27 国各自不同的排放指标以及欧洲范围内的碳交易系统来实现协议目标
欧盟	2009 年 3 月 9 日	绿色经济发展计划	既包括新能源、新材料和新产品等技术的研发、应用和推广，也包括现有产业经济的技术革新和改造，还包括以"减排"为目标的能源替代和工艺创新

资料来源：卢伟：《绿色经济发展的国际经验及启示》，载于《中国经贸导刊》2012 年第 16 期，第 40～42 页。

表 6-4　　　　　全球环保产业主要领域市场规模　　　　单位：亿英镑

环保产业主要领域	2010	2011	2012	2013
水供应/废水处理	2447.31	2517.72	2600.8	2689.23
回收/循环	1947.08	2016.13	2082.66	2153.47
废弃物管理	1466.33	1512.75	1562.67	1615.8
空气污染	289.01	295.79	305.55	315.94
污染土地复垦和整治	278.45	288.19	297.7	307.82
环境咨询及相关服务	245.18	254.46	262.86	271.79
噪音和振动防治	66.19	68.88	71.15	73.57
环境监测、仪器仪表和分析	45.36	47.18	48.74	50.39
海洋污染防治	36.73	38.16	39.42	40.76
总计	6821.64	7039.26	7271.56	7518.79

资料来源：Low Carbon Environmental Goods and Services Report.

（二）G20 成员国具有广泛代表性

G20 成员涵盖面广，其成员国的人口总数占全球的 2/3，国土面积总量占全球的 60%，国内生产总值总额占全球的 75.47%（未包含沙特阿拉伯，见表 6-5）。根据 UNFCCC 秘书处提供的数据，当前，G20 国家的温室气体排放总量占全球排放总量的 77%，其中，排放量排名前十名的分别为：中国（20.09%）、美国（17.89%）、欧盟（12.08%）、俄罗斯（7.53%）、印度（4.10%）、日本（3.79%）、巴西（2.48%）、加拿大（1.95%）、韩国（1.85%）、墨西哥（1.70%），均为 G20 成员国。此外，根据 WIND 咨询的相关数据，当前，G20 国家的化学能源消费占全球总消费量的 77.17%（未包含欧盟）。由此可见，G20 成员国的经济总量、碳排放总量以及化学能源消费总量在全球中均占有最大份额，因此，缺乏 G20 国家参与的全球气候治理，根本不具代表性和可行性。事实上，国际气候大会中，博弈各方主要是 G20 成员国，G20 成员国在气候问题上的共识与分歧直接决定了国际气候大会能否取得预期成果。

表 6-5 　　　　　　　　G20 成员国 GDP 与化学能源消费情况

国家或地区	2015 年 G20 成员国 GDP 占全球 GDP 的比重（基于购买力评价：2005 价格）	2011 年 G20 成员国化学能源消费占全球化学能源总消费的比重
中国	17.13	23.32
阿根廷	0.59	0.70
澳大利亚	0.97	1.13
巴西	2.80	1.43
加拿大	1.43	1.79
法国	2.32	1.19
德国	3.34	2.43
印度	7.00	5.19
印度尼西亚	2.49	1.60

国家或地区	2015 年 G20 成员国 GDP 占全球 GDP 的比重（基于购买力评价：2005 价格）	2011 年 G20 成员国化学能源消费占全球化学能源总消费的比重
意大利	1.90	1.38
日本	4.24	4.01
韩国	1.62	2.09
墨西哥	1.95	1.61
俄罗斯	3.26	6.44
沙特阿拉伯	—	1.81
南非	0.63	1.19
土耳其	1.39	0.98
英国	2.35	1.56
美国	15.74	17.30
加总	75.47 *	77.17 **

注：* 数据为不包含沙特阿拉伯之外的 19 个 G20 国家的加总数据，** 数据不包含欧盟之外的 19 个 G20 国家的加总数据。

资料来源：根据 WIND 数据计算。

（三）G20 机制的自身优势

全球气候治理领域包含多个直接和间接的国际平台或机制，其中，直接的国际机制有 UNFCCC 缔约国大会；间接的国际平台或机制包括 IPCC、七国集团（G7）和 G20、主要经济体能源和气候论坛（Major Economies Forum on Energy and Climate）、经济合作与发展组织（Organization for Economic Co-operation and Development，OECD）、国际能源机构（International Energy Agency，IEA）。与间接的国际平台或机制相比，联合国主导的 UNFCCC 缔约国大会是最具全球气候治理的合法性，其他的间接国际平台或机制，只能是 UNFCCC 缔约国大会的补充。尽管如此，与其他直接和间接的全球气候治理的国际平台或机制相比，G20 具有自身独有的优势。

首先，与主要经济体能源和气候论坛、经济合作与发展组织（OECD）、国际能源机构等其他间接国际平台或机制相比，G20 成果具有更高的达成效率与可执行性。G20 的核心是国家领导人峰会，与其他国际平台或机制相比，其参与者级别最高。正是由于参会领导人的崇高权威和广阔视野，使得 G20 成果的达成效率和可执行性得到极大提高。一方面，各国领导人在 G20 会议上所做的承诺，往往能一锤定音；另一方面，G20 国家领导人峰会为各国最高领导人提供了一个最直接的信息交流平台，使得大量准确的信息可以以最快速度传递到各国最高决策者手中，从而最大程度地提升各种议题的决策效率。

其次，与 G7 相比，G20 具有更广泛的代表性。G7，即七国集团，是主要工业国家会晤和讨论政策的论坛，其成员国包括加拿大、法国、德国、英国、意大利、日本、美国等"西方七大工业国"，由此可见，G7 只代表了发达工业化国家。而 G20 不仅包括 G7 国家，还包括中国、俄罗斯、印度、巴西、南非等新兴市场国家，其代表性显而易见。事实上，温室气体减排上，G20 具有和 UNFCCC 缔约国大会相同的利益博弈集团：减排态度积极的利益集团（英国、法国、意大利、墨西哥、德国、印度尼西亚）、倡导适度减排的利益集团（南非、美国、中国、印度、巴西、土耳其）、减排态度不积极的利益集团（阿根廷、日本、韩国、俄罗斯、加南大、澳大利亚、沙特阿拉伯）。

最后，与 UNFCCC 缔约国大会相比，G20 具有更高的协调效率。众所周知，目前 UNFCCC 缔约国一共有 195 个，一方面，其协调沟通需要花费更大的努力，另一方面，其通过的各种协定需要一定的条件才能生效，例如，《巴黎协定》的生效条件为"至少 55 个缔约方加入协定并且涵盖全球 55% 的温室气体排放量"，在条件满足后的第 30 天正式生效。而 G20 仅有 20 个国家，因此，其协调的效率远高于 UNFCCC 缔约国大会。当前，全球化快速发展，许多全球性问题具有突发性，需要国际社会能够做出迅速有力的回应。相比于联合国等正式国际机制，作为一种非正式的多边峰会机制，G20 的机制能够对新问题做出快速反应，从而在国际事务中逐渐培育起独一无二的话语权和影响力。

四、G20 参与全球气候治理的制约因素分析

尽管 G20 有充足的动力参与全球气候治理，但其自身机制的非正式性制约着其在全球气候治理中的作用发挥，其内部成员国之间的气候利益差异制约着 G20 在气候议题上共识的达成。

（一）G20 没有常设机构、成果不具法律约束

G20 只是一种论坛形式的非正式的多边峰会机制，与联合国等正规的国际机制相比，一方面，其没有常设的秘书处等组织机构，主席采取轮换制，每次 G20 峰会的议题不固定，而是由轮值主席国根据自身关注的重点、并与其他成员国协商后再确定聚焦的方向和重点，每个轮值主席国在气候博弈中具有不同的利益诉求，从而造成气候议题在每次峰会中所处的地位不同——时而被设定为核心议题、时而被设定为一般性议题；另一方面，G20 不是建立在国际条约的基础上，峰会达成的成果文件并没有采取投票表决程序通过，因而不具有法律效力，在全球气候治理议题方面，更是如此。根据对参与 2013 ~ 2014 年国际气候谈判政府代表的问卷调查，仅有 14% 的政府官员认为 G20 具有全球气候治理的合法性。大部分政府官员依然认为联合国主导的多边谈判最具全球气候治理的合法性。

（二）G20 成员国在应对气候变化中的利益差异

如表 6 - 6 ~ 表 6 - 8 所示，由于各国的经济发展水平、能源消费结构、科技水平、自然生态基础等方面存在较大差异，导致 G20 成员国在应对气候变化中的利益诉求差异巨大，从而加大了 G20 成员国在气候议题上达成共识的难度。当前，在减排态度上，G20 成员国可以区分为三个集团：减排

态度最为积极的集团，包括英国、法国、意大利、墨西哥、德国、印度尼西亚等国家；倡导适度减排的集团，包括南非、美国、中国、印度、巴西、土耳其；减排最不积极的集团，包括阿根廷、日本、韩国、俄罗斯、加拿大、澳大利亚、沙特阿拉伯。减排态度最为积极的集团国家，对于化学能源的依赖相对较小，同时还能从绿色发展中获得具体经济利益，以德国、法国、英国、意大利为例，其低碳和环境产品与服务（LCEGS）产业市场规模在全球排放分别为第5、6、7、10位；倡导适度减排的集团国家，往往具有较大减排压力，但其绿色经济发展快速，以中国和美国为代表，其碳和环境产品与服务（LCEGS）产业市场规模在全球分别为第1、2位；减排最不积极的集团国家，以俄罗斯、加拿大、澳大利亚、日本为代表，他们对化学能源的依赖较大，因此具有较大减排压力。

表6－6　　　　　　　　　　G20成员国减排态度分类

国家	减排对其影响	减排态度
英国、法国、意大利、墨西哥、德国、印度尼西亚	减排压力不大、绿色经济发展潜力大	积极
南非、美国、中国、印度、巴西、土耳其	减排压力大、但绿色经济发展潜力也大	倡导适度减排
阿根廷、日本、韩国、俄罗斯、加拿大、澳大利亚、沙特阿拉伯	减排压力大、减排对其经济冲击较大	不积极

表6－7　　　　　　　　2013年G20国家化学能源消费情况

国家或地区	化学能源消费占本国能源消费的比重（%）	人均化学能源消耗量（千克油当量）
中国	88.14	1962.23
阿根廷	88.91	1684.51
澳大利亚	93.90	5245.57
巴西	58.02	834.21
加拿大	72.18	5198.57
法国	48.35	1856.57

国家或地区	化学能源消费占本国能源消费的比重（%）	人均化学能源消耗量（千克油当量）
德国	81.10	3136.64
印度	72.44	439.02
印度尼西亚	65.93	2531.62
意大利	79.96	2062.55
日本	94.57	3376.57
韩国	84.16	4421.32
墨西哥	90.38	1397.08
俄罗斯	90.72	4620.42
沙特阿拉伯	100.00	6363.39
南非	86.71	2302.89
土耳其	87.35	1334.88
英国	84.04	2502.43

资料来源：根据 WIND 数据计算。

表 6 - 8　全球低碳和环境产品与服务（LCEGS）产业市场规模排名

国家	排名	市场规模（百万英镑）	占比（%）
美国	1	644769	19.5
中国	2	435323	13.1
日本	3	205372	6.2
印度	4	204860	6.2
德国	5	140370	4.2
英国	6	122222	3.7
法国	7	101161	3.1
巴西	8	97829	3
西班牙	9	89698	2.7
意大利	10	87339	2.6

资料来源：Low Carbon Environmental Goods and Services Report.

由于 G20 各成员国在温室气体减排中利益诉求差异巨大，从而加大了 G20 成员国在气候议题上达成共识的难度。可以用以下博弈模型来说明该问题。

假设，世界范围内共有 n 个国家或地区，i 和 ī 为国家或地区的收益，s_i 表示第 i 个国家或地区的污染排放量，因此，全世界总的温室气体排放量 $S = \sum_i s_i$，$B_i(s_i)$ 为第 i 个国家或地区在排放 s_i 数量的温室气体下带来的收益（例如，GDP），$D_i(S)$ 为总的温室气体排放量 S 给第 i 个国家或地区带来的损害。同时，假设存在以下两个边际条件：①温室气体排放的边际收益为递减，即，有 $B_i'(s_i) > 0$、$B_i''(s_i) < 0$；②温室气体排放的边际收益为递减，即，有 $B_i'(s_i) > 0$、$B_i''(s_i) < 0$，温室气体的边际损害递增，即，有 $D_i'(S) > 0$、$D_i''(S) > 0$。第 i 个国家或地区的真实福利可以描述为：

$$W_i(s_i, S) = B_i(s_i) - D_i(S) \tag{6-1}$$

1. 全球最优的实现条件

全球最优的目标是要实现所有国家或地区的福利加总最大化，即：

$$\sum_i W_i(s_i, S) = \sum_i B_i(s_i) - \sum_i D_i(S) \tag{6-2}$$

式（6-2）的最大化的条件为：

$$\frac{\partial B_i(s_i)}{\partial s_i} = \sum_i \frac{\partial D_i(S)}{\partial S} \tag{6-3}$$

根据式（6-3）可知全球最优的实现条件：要使得任意一国每单位温室气体排放带来的边际收益都等于该单位温室气体给全球带来的边际损坏总和。

2. 没认识到温室气体损害的均衡分析

认识温室气体导致的气候变化需要一个过程，假设刚开始世界各国均没有认识到气候变化给各自带来损害，在这种情况下，世界各国追求自身福利最大化的均衡条件为：

$$\frac{\partial B_i(s_i)}{\partial s_i} = 0 \tag{6-4}$$

而此时，世界各国实际的边际收益为：$\frac{\partial B_i(s_i)}{\partial s_i} - \frac{\partial D_i(S)}{\partial S}$，根据式（6-4）和存在的边际条件可以知世界各国实际的边际收益为负的，即 $\frac{\partial B_i(s_i)}{\partial s_i} - \frac{\partial D_i(S)}{\partial S} < 0$。随着认识的深入，世界各国逐渐意识到气候变化给各自带来损害时，则为了追求自身福利最大化，世界各国都将采取温室气体削减的行动，这也就是 1992 年在巴西里约热内卢召开的联合国环境与发展大会，与会各国均签署了第一个应对全球气候变暖的国际公约——UNFCCC 的根本原因。

3. 自由减排的均衡

在认识到气候给自身带来损害后，世界各国为了追求自身福利最大化，根据式（6-1）其均衡条件为：

$$\frac{\partial B_i(s_i)}{\partial s_i} = \frac{\partial D_i(S)}{\partial S} \tag{6-5}$$

根据式（6-5），自由减排的均衡条件：世界各国每单位温室气体排放的边际收益等于该单位温室气体排放给自身带来的边际损害。然后，与全球最优的实现条件相比可知：自由减排的均衡并没有实现全球最优的状态。因为，自由减排的均衡状态下，世界各国按照"每单位温室气体排放的边际收益等于该单位温室气体排放给自身带来的边际损害"原则进行排放数量决定，而全球最优的排放状态应该是："每单位温室气体排放带来的边际收益都等于该温室气体给全球带来的边际损坏总和"，根据前文的边际条件可知，自由减排的均衡情景下，世界各国均为过度排放。用 s_i^* 表示全球最优下第 i 个国家或地区的温室气体排放数量，S^* 表示全球最优下全球污染排放总量，用 s_i^{**} 表示自由减排均衡下第 i 个国家或地区的污染排放数量，S^{**} 表示自由减排均衡下全球温室气体排放总量，则有：$s_i^* \leqslant s_i^{**}$、$S^* \leqslant S^{**}$、$\sum_i W_i(s_i^*, S^*) \geqslant \sum_i W_i(s_i^{**}, S^{**})$。

4. 强制减排下的不均衡

由于自由减排下，无法实现全球福利最大化的最优状况，因此需要采取额外的政策对世界各国施加约束。《京都议定书》采取的是自上而下的强制约束政策，即强制世界各国将温室气体排放量由 s_i^{**} 缩减至 s_i^* 从而实现全球的最优。然而，该种策略往往是一种不均衡状态，因为尽管强制要求世界各国将温室气体排放量由 s_i^{**} 缩减至 s_i^* 从而实现了：

$$\sum_i W_i(s_i^*,\ S^*) \geqslant \sum_i W_i(s_i^{**},\ S^{**}) \qquad (6-6)$$

但式（6-6）却无法推导出以下的式（6-7）：

$$W_i(s_i^*,\ S^*) \geqslant W_i(s_i^{**},\ S^{**}) \qquad (6-7)$$

由此可见，虽然，强制要求世界各国将温室气体排放量由 s_i^{**} 缩减至 s_i^* 从而实现了全球福利最大化，但是却并不必然保证各国福利都增长，完全存在部分国家福利上升、部分国家福利反而降低的情况。作为自身利益最大化的追求者，那些福利反而下降的国家不会同意这种政策的实行。现实经济中，《京都议定书》之所以未能取得预期效果，根本原因就在此。《京都议定书》采取了强制发达国家进行温室气体减排，欧盟等部分国家或地区的福利增长了，而加拿大、俄罗斯、日本等国家的福利反而下降，因此，尽管欧盟极力推动《京都议定书》生效，但加拿大、俄罗斯、日本等国家最终均不参加《京都议定书》第二承诺期。而中国、美国等国家并不明确强制减排给自身带来的福利是增加还是减少，因此，在倡导适度减排。

五、G20 进一步参与全球气候治理的政策建议

（一）加强 G20 自身机制建设

首先，应该合理界定 G20 在全球气候治理中的角色定位，即明确联合

国主导的多边谈判仍然是最具权威性和合法性的主流全球气候治理机制，G20机制是其合理有效的补充。其次，加强G20全球气候治理的相关常设机制建设。保持G20机制的非正式性特征与其常设机制建设并无矛盾，事实上，合理的常设机制有利于G20国家在气候议题上实现快速有效的沟通与协商。例如，可以设置G20全球气候治理的研究、协调委员会，加强对G20参与全球气候治理、各成员国在气候议题上的利益差异等议题研究，从而促进G20国家在气候议题上加快达成各种共识。最后，积极拓展G20对全球气候治理的影响途径，一方面，G20应该充分发挥其具有广泛代表的优势，平衡发达国家与新兴市场国家之间的利益争端，加强对联合国气候大会所形成的决议的再承若与再补充；另一方面，G20应该利用其作为全球层面的领导性、决策机制，充分发挥其在全球气候治理中的引领作用，而具体的问题分析以及决议执行则由UNFCCC缔约国大会、国际能源机构（IEA）等国际机构去执行。

（二）明确合理的合作减排路径

在吸取《京都议定书》失败教训的基础上，《巴黎协定》转变此前的自上而下"摊派式"的强制减排，而采纳自下而上的"国家自主贡献"的减排方式。这种转变的本质是，国家社会放弃了强制要求世界各国将温室气体排放量由 s_i^{**} 缩减至 s_i^*，转而让世界各国追求自身利益最大化，从而明确各自温室气体排放量为 s_i^{**}。然而，正如前文已经分析的"国家自主贡献"的减排方式下，世界各国追求自身利益最大化，会将温室气体排放选择在 s_i^{**}，这样的均衡状态无法实现全球的福利最大化。

为此，需要将强制减排政策转变为：在有转移支付的政策协调下诱使世界各国温室气体排放量由 s_i^{**} 缩减至 s_i^*。首先，允许世界各国的温室气体排放总量为 s_i^{**}；其次，对于那些有进行温室气体削减国家进行补贴奖励，每单位的温室气体削减奖励 t，反而对于那些扩大污染排放国家进行征税惩罚，每单位的污染排放惩罚 t；同时对于世界各国承受单位温室气体污

染进行 T_i 的补贴。在这样的政策下，世界各国的利益最大化问题可以用式（6-8）进行描述：

$$\max：W_i(s_i, S) = B_i(s_i) - D_i(S) + t * (s_i^{**} - s_i) + T_i \times S$$

$$\text{s. t. } s_i \leqslant s_i^{**} \tag{6-8}$$

求解式（6-8），可以得到在有转移支付的政策协调下世界各国的均衡条件：

$$\frac{\partial B_i(s_i)}{\partial s_i} = \frac{\partial D_i(S)}{\partial S} + t - T_i \tag{6-9}$$

比较式（6-9）和全球最优的实现条件式（6-3），则有为了使在有转移支付的政策协调下世界各国的均衡结果实现全球最优的条件为：

$$t - T_i = \sum_{i \neq i} \frac{\partial D_i(S)}{\partial S} \tag{6-10}$$

根据式（6-10）可知：对世界各国削减一单位的温室气体排放进行额外的转移支付补贴，额外的补贴为该单位的温室气体削减给全球其他国家带来的边际收益的加总，这种政策下可以实现全球福利最大化。在有转移支付的政策协调下，各国在自由减排的均衡排放量 s_i^{**} 基础上，每削减一单位的温室气体排放都可以获得额外的福利增加（该单位的温室气体削减给全球其他国家带来的边际收益的加总），即在有转移支付的政策协调下，各国福利都扩大了。

综上所述，为了协调世界各成员国的温室气体减排利益差异，在减排合作的路径选择上应该遵循先自由减排，然后在此基础上搭建有转移支付的强制减排政策。这样的路径最终可以实现全球最优的稳定的合作减排均衡。

（三）推动绿色气候基金建设

为了执行上述的有转移支付的强制减排政策，需要构建专门的绿色气候基金组织。绿色气候基金组织可以参考国际货币基金组织的运行机制。绿色气候基金组织一方面从各成员国中获得温室气体减排补偿基金，另一方面将补偿基金用于在自由减排量基础上进一步减排的国家或地区。绿色气候基金上缴金额由各国根据温室气体减排对自身的福利自主决定，同时，该上缴金额在总金额中的比例则为该国在绿色气候基金组织中的投票权比例。

参考文献

1. 董亮：《G20 参与全球气候治理的动力、议程与影响》，载于《东北亚论坛》2017 年第 2 期。

2. 卢伟：《绿色经济发展的国际经验及启示》，载于《中国经贸导刊》2012 年第 16 期。

3. 司琳：《国际"碳政治"博弈及中国对策研究》，吉林大学 2014 年。

4. 颜晓敏：《二十国集团对中国能源政策的影响》，复旦大学 2014 年。

5. 赵蓓蓓：《全球治理困境与 G20 治理机制研究》，山东大学 2015 年。

6. Stucki A，Cottagnoud M，Acosta F，et al. Domestic Politics and the Formation of International Environmental Agreements ［J］. *Journal of Environmental Economics & Management*，2017，81（1）：pp. 115 – 131.

7. Hovi J，Ward H，Grundig F. Hope or Despair? Formal Models of Climate Cooperation ［J］. *Environmental and Resource Economics*，2015，62（4）：pp. 1 – 24.

后　　记

　　在当今世界发展进程中，二十国集团（G20）作为发达国家与新兴市场国家进行国际对话与合作的重要平台，发挥着越来越重要的作用。特别是 2008 年国际金融危机发生以后，G20 集团多次召开峰会，共商应对危机之策，为全球经济复苏与持续增长做出了重要贡献，实现了从短期危机应对向长效治理转型。在新型大国互动关系和新的全球治理秩序下，为了更有效地承担全球治理舵手这一角色，G20 需要朝着更开放、更多边、更灵活、更有效的方向发展。G20 的战略目标是构建 21 世纪公平公正的国际经济秩序。现在国际社会正面临着一系列社会、经济、环境和安全问题，这些问题将会决定全球和平与发展的前景。因此，未来 G20 应当将关注的重点从经济金融问题扩展到经济金融领域之外，有效连接多边国际机制，使其作为当前全球治理更为有效的平台。这些也将是本书关注研究的重要焦点。

　　从 2009 年年底开始，在国务院发展研究中心管理世界杂志社、中国科学技术交流中心、中国社会科学院社会科学文献出版社领导的指导和支持下，全国经济综合竞争力研究中心福建师范大学分中心着手组建了"二十国集团（G20）国家创新竞争力发展报告"课题攻关研究小组，力图从竞争力的视角，赋予国家创新能力新的内涵，并从理论、方法和实证三个维度来探讨 G20 国家创新竞争力的评价与提升问题。截至目前，课题组已先后出版了《二十国集团（G20）国家创新竞争力发展报告（2001~2010）》、《二十国集团（G20）国家创新竞争力发展报告（2011~2013）》、《二十国集团（G20）国家创新竞争力发展报告（2013~2014）》、《二十国集团（G20）国家创新竞争力发展报告（2015～2016)》，由社会科学文献出版社以黄皮书形式出版并在中国社会科学院举行发布会，引起了社会的高度关注和积极反响。

2016年中国是二十国集团领导人峰会主办国。2015年12月1日，国家主席习近平就2016年二十国集团峰会发表致辞中指出："中方将同各方一道，发扬同舟共济、合作共赢的伙伴精神，集众智、聚合力，落实安塔利亚峰会及历届峰会成果，共同开创国际经济合作新局面。"为了进一步加大对二十国集团的研究，也为我国筹办好2016年G20领导人峰会提供智慧支持，从2015年起，我们课题组专门新推出了这部《二十国集团（G20）经济热点分析报告》，力图从更大范围、更广视角来深入研究二十国集团经济发展形势、未来趋向和战略应对，与《二十国集团（G20）国家创新竞争力发展报告》形成互补，成为本研究中心在二十国集团研究方面的"姊妹篇"科研成果。2015年11月，第十次二十国集团领导人峰会在土耳其安塔利亚召开前夕，课题组发布了第一部《二十国集团（G20）经济热点分析报告（2015～2016)》一书，引起了社会的高度关注和积极反响。值得一提的是，2016年8月，由福建师范大学牵手、中国科学技术交流中心、国务院发展研究中心管理世界杂志社、中共中央党校国际战略研究院、光明日报理论部等七家单位合作成立了"二十国集团（G20）联合研究中心"，共同致力于二十国集团（G20）前沿问题研究。并于2016年8月在二十国集团领导人第十一次峰会即将在杭州举行之际，课题组又推出第二部《二十国集团（G20）经济热点分析报告（2016～2017)》，也引起了强烈的社会反响。呈现在读者面前的这部《二十国集团（G20）经济热点分析报告（2017～2018)》，是我们第三部最新研究报告，我们希望能各级部门和广大读者深化对G20经济发展形势的认识和研究，提供有益的参考借鉴。

在课题研究过程中，福建师范大学原校长、全国经济综合竞争力研究中心福建师范大学分中心主任、二十国集团（G20）联合研究中心主任李建平教授亲自担任课题组组长和本书的主编之一，直接指导和参与了本书的研究和审订书稿工作；本书主编之一中智科学技术评价研究中心理事长、原福建省新闻出版局（福建省版权局）党组书记李闽榕教授指导、参与了本书的研究和书稿统改、审订工作；中国科技部科技交流中心正局级副主任、国际欧亚科学院院士赵新力研究员对本书的研究工作给予了积极指导和大力支持，并担任本书的主编之一；中共中央党校国际战略研究院副院长周天勇教授对研究中心给予了大力支持并担任本书主编之一；光明日报理论部主任李向军对研究中心给予了大力支持并担任副主编之一；国务院发展研究中心管理世界杂志社竞争力部主任苏宏文同志为本书的顺利完成积极创造了条件。全国经济综合竞争力研究中心福建师范大学分中心常务副主任、二十国集团（G20）联合研究中心常务副主任、福建师范大学经济学院院长黄茂兴教授为本书研究从内容策划到最终完稿做了大量具体工作。

根据2017德国汉堡G20峰会的主题和相关重要议题的安排，自2016年12月以来，课题组着手对2017年二十国集团（G20）经济热点问题展开了认真讨论、追踪分析和深入研究，一年来我们聚焦了G20的互联互通与共享发展、全球治理责任担当与公平国际秩序的构建、全球投资治理政策合作与协调、构建更稳定更有韧性的国际金融架构、国家社会凝聚力发展、全球气候治理等领域等重大问题，形成了这样一部最新的G20经济热点分析报告。本书20余万字，这是一项复杂而艰巨的工程。编写组的各位同志为完成这项工程付出了艰辛的劳动，在此谨向全力支持本课题顺利进行的全国经济综合竞争力研究中心福建师范大学分中心和福建师范大学福建自贸区综合研究院课题组成员李军军博士、林寿富博士、叶琪博士、王珍珍博士、陈洪昭博士、郑蔚博士、陈伟雄博士、唐杰博士、黄新焕博士、易小丽博士、杨莉莎博士、莫莉博士、王荧博士、周利梅博士、白华博士、张宝英博士、俞姗博士、陈玲芳博士、戴双兴博士、伊馨博士、陈雯老师、林姗姗老师、赵亮老师、郑小梅老师、方友熙老师、冯国治老师、夏琼博士生以及美国密歇根大学的杨颖表示深深的谢意。他（她）们放弃节假日休息时间，每天坚持工作10多个小时，为本报告的数据采集、测算等做了许多细致的工作。

本书还直接或间接引用、参考了其他研究者相关研究文献，对这些文献的作者表示诚挚的感谢。

　　经济科学出版社社长兼总编辑吕萍女士，责任编辑于海汛，为本书的出版，提出了很好的修改意见，付出了辛苦的劳动，在此一并向他们表示由衷的谢意。

　　由于时间仓促，本书难免存在疏漏和不足，敬请读者批评指正。

作　者

2017 年 6 月